現代アメリカ大学生群像

希望と不安の世代

A・レヴィーン／J・S・キュアトン 著
丹治めぐみ 訳

玉川大学出版部

WHEN HOPE AND FEAR COLLIDE

A Portrait of Today's College Student

by Arthur Levine & Jeanette S. Cureton

まえがき

一九八〇年に、アーサー・レヴィーンは『夢もヒーローも消えた時』（*When Dreams and Heroes Died*）という本を書いた。これは、カーネギー高等教育政策研究協議会が全国規模で行った学生と大学当局者に対する調査とインタビューをもとに、一九七〇年代後半の大学生像を描き出したものである。

そこに浮かび上がったのは、個人としては将来を楽観しながら、国家の将来に関しては悲観的な大学生の姿であった。彼らは「タイタニック的信念」とでも呼ぶべき態度を示していた。アメリカ合衆国（もしくは全世界）という名の沈没すると決まっている船に無理やり乗せられているが、船が浮いている間はできるだけ豪華に一等船室の旅を楽しもうと心に決めている、そんな考え方をもっていたのである。

このような展望をもった学生たちは、内向きになり、「自分」にもっぱら関心を注いだ。よりよい職に就くことを目標とし、ビジネスや法律、医学など高収入が保証される職業の価値が高いと考えた。物質的に恵まれることは彼らにとって大きな意味があった。三人に二人は、経済的に非常に恵まれることは最重要もしくは非常に重要であると回答した。

自分たちの世代に大きく影響した社会的・政治的な出来事は、ベトナム戦争とウォーターゲート事件であると彼らは考えていた。四人に三人は、この二つの出来事は非常に大きくマイナスに作用し、政治そのものや政治活動への関与、また政府を拒絶する原因になったと述べた。あなたにとってのヒーローとは、という質問に対しては、「いない」という回答が一位で、神、芸能人、スポーツ選手など二位以下を大きく引き離した。

前の世代に比べ政治的には保守的になっており、死刑容認、犯罪者への厳格な対処、強制バス通学〔人種融合を図るために児童を居住区域外の学校に通学させる〕の廃止などに対する支持が高まっていた。それでも、キャンパスでは学生運動が相変わらず盛んに行われた。学部生の五人に一人がデモに参加したことがあると回答した。しかし、それは以前のような公民権運動やベトナム戦争をめぐる運動ではなくなっており、学費や奨学金、教職員の採用と解雇、大学の設備、それに大学運営方針などの問題が抗議の対象となった。国家的な問題から局所的な問題へ、社会政策への関心から消費者としての関心へと、争点が移っていた。

学業面では、大学入学時の基本的学力は低下していた。にもかかわらず、前の世代に比べ、入学後はよい成績をあげた。リベラルアーツよりも、直接職業に結びつく分野を専攻する学生の割合が増え、しかも専攻分野の授業の履修は過去最高を記録した。

社会性の面では、キャンパスの共同体意識は薄れ、個人主義が台頭した。ジェンダー、人種、宗教、エスニシティなど、個人的関心を共有するグループ活動が盛んであった。団体競技はそっぽをむかれ、逆に個人競技の人気が高まった。社会問題に対して学生はよりリベラルな態度を示し、特に個人の権利や自由に関してその傾向が顕著に見られた。婚前性交渉、マリファナの合法化、離婚法の自由化に対する支持は、過去に例のないほど高まった。

このような調査結果は、レヴィーンにとっては驚きであった（一九九六年の大統領選挙においてボブ・ドール候補は自身を「私」ではなく「ボブ・ドール」と称しており、私たちはそれを不快に思っていた。しかし、本書の著者二人のうち一人だけを指す場合、不本意ながら三人称を使わざるをえないことをお許しいただきたい）。調査を始めるにあたり、レヴィーンはこのような結果がでると予想していなかったし、実際のところ、多分そんな予想はうち消したであろう。

それでも、調査からは陽気で好ましい大学生像が浮かび上がり、レヴィーンは学生に対するインタビューを継続することにした。毎年、全国の一〇から二〇のキャンパスを訪ね、カーネギー協議会の調査と同じ内容のアンケートを一九八〇年代を通じてとり続けた。学生から得られた回答はほとんど変わらず、経済的に非常に恵まれることは不可欠もしくは非常に重要という回答が増え続けたのが、唯一目立った変化であった。

だが、それは一九九〇年までの話だ。この年を境にして、将来に対する楽観的態度、社会活動への参加、それに人生の目標など、基本的な問題で劇的な変化が現れた。まるでスイッチを入れて電気をつけたり消したりするような、そんな突然の変化だった。当初、レヴィーンはこの変化を問題視していなかった。典型的とはいえない大学を調査対象に選んでしまったのだろうとか、キャンパスを訪ねた時期がたまたま悪かったのだろう、あるいは普通とはちょっと違った学生にインタビューをしてしまったかもしれない、などと考えたのだ。しかし、調査結果は同様の変化を示し続けた。全米の大学で同じような結果がでた。学生の考え方、価値観、信条は変わり始めているようであり、レヴィーンはその変化の本質と理由を突き止めたいと考えた。

これを念頭に、レヴィーンは一五年前のカーネギー協議会の調査と同じ調査を、再度行った。今回はジャネット・キュアトンが調査の計画と実施に加わった。一九九二年の夏から秋にかけて、全国の二七〇大学の学生担当者に対する調査を行った。九三年には、リリー基金の助成を得て、やはり全米の学生九一〇〇人が調査の対象となったが、このなかには普通の大学生世代と年長の学生（高校卒業後何年間か社会にでて働いてから大学に入学した）の両方が含まれていた。この点は、以前のカーネギー協議会調査と同様である。この一九九三年の調査に加え、一九九三年から九五年にかけて、アメリカの高等教育の多様性を反映すると思われる二八の大学を全米各地から選び、学生自治会の会長、学生新聞の編集者、学生担当者、小規模の学生グループ（メンバーは平均八―一〇人、年齢、ジェンダー、人種はさまざま）などに面接した。一九九五年に、学生新聞の編集者と自治会会長に再度面接を行い、九七年には学生担当者に対する最後の調査を実施した。一連の調査の詳細は、巻末の補遺Aにまとめてある。

本書はこれらの調査から生まれたもので、今日の大学生像を描き出そうとする試みである。これはユニークな企てではない。この種の試みはあちらでもこちらでも小規模ながら行われている。

1章では、今日の大学生の一般的なイメージを分析する。その目的は、戯画化されたりステレオタイプとなっているイメージに斬り込んで、彼らが以前の世代とどれほど異なった世界で育ってきたかを検討するところにある。差異は人口学的、社会的、経済的、全世界的、そしてまた技術的な面にみられる。この世代が、あらゆるものが変化しつつあるようにみえる時代に成長してきたことが、ここで明らかになる。

2章は、今日の大学生の社会的・政治的な面に焦点をあてる。この世代が深く影響を受けた、鍵となる出来事としては、チャレンジャー号爆発事故、湾岸戦争、共産主義の崩壊、アラスカでのタンカー重油流出事故、エイズ、ロドニー・キング事件の裁判が挙げられる。これらの出来事がなぜ、学生がアメリカの社会制度に対する不信感を抱き、伝統的政治を拒絶し、著名な政治家に背を向ける原因になったかを分析した。学生の政治意識は、伝統的なリベラルと保守という区別を拒否するものだ。彼らは、個別の問題ごとに態度を決定するという態度をとり、変化を望んでいる。彼らにとってのヒーローが再び存在するようになり、六〇年代以降では学生は社会的に最も活発な活動をみせている。

3章は、大学における政治活動を取り上げ、キャンパスが消費社会へと転換しつつある現状を論じる。学生は大学に対して消費者のように振る舞い、大学は彼らにとって製品の販売者となりつつある。学生の種々の活動は活発化しているものの、学生自治会への参加はふるわない。学部生がキャンパスで落ち着ける居場所を求めるうちに、従来のクラブなどはより小さなグループへ分割してしまった。人種、民族、ジェンダー、性的志向などは、小グループを形成する共通項のほんの一部にすぎない。大学生の政治活動は、共通の主張や利益をもつこのような小規模のグループ主導へと変わりつつある。

4章は、多文化主義がキャンパスにどのような形で表れているのかを検討する。これは学生にとって非常に厄介で、話題として取り上げるのが難しい問題である。少数派の学生は脇へ押しやられていると感じ、多数派の学生はそれにどう反応すべきか困惑し揺れ動いている。学生は自らの意志で、人種ごとにはっきりと分かれる傾向にある。彼らは何が共通か、ではなくて、どこが違うか、ということをもっぱら問題にする。少数派と多数派の相互関係は、組織的に過小評価され、被害者意識がキャンパスに蔓延している。

5章では、キャンパスの社交生活を分析した。時代が変わっても、学生の娯楽は昔からほとんど変わっていない。飲酒、パーティ、スポーツ、音楽、映画などに相変わらず人気がある。しかし、楽しむ学生の方は以前とは大分様相が違う。仕事をもっている学生が増えているし、労働時間も長くなっている。パートタイム学生や、キャンパス外に居住する者も多くなった。実際、もはやキャンパスが学生の社交生活の中心であるとはいえない。しかも、学生のなかには心理的にダメージを負った状態で大学に来ている者が増えている。深酒をする者が目立ち、また伝統的な形態の男女交際は社交生活から消えてしまった。学生は社会的に孤立傾向にあり、つき合いに割く時間もあまりなく、傷つくのを恐れている。

6章は学生の勉学面をめぐって展開する。今日、学生の関心はもっぱら卒業後の職業に向いている。この傾向は、大学や専攻分野の選択、また彼らの長期的な計画に反映される。ほとんどの学生は一生懸命勉強しているというが、一生懸命やることと知的であることが混同されがちだ。いずれにせよ、努力は報われている。というのは、成績インフレーションが続いていて、学生は今日かつてない好成績を収めている。だが、この世代が、過去に前例のない大幅な補習を大学入学後に受けなくてはならない、という点を考慮に入れる必要がある。教員の教え方と、学生が最も効果的に学ぶ方法とが、一致しない。それでも、教育に対する学生の満足度は過去最高に達している。

7章は学生が将来に対して抱いている希望や抱負を取り上げた。アメリカン・ドリームを信じる気持ちは、今までになく強い。学生はよい仕事、経済的成功、価値ある人間関係、そして家庭をもつことを望んでいる。彼らは楽天的でありながら、不安を抱いてもいる。それは、何もかもがだめになるという恐怖である。職に就けないのではないか、家族を養えないのではないか、奨学金やローンを返せないのではないか、独立した生活を営めずに両親の家に戻らざるを得なくなるのではないか、などの心配が絶えない。

最後の結論の章では、今日の大学生像を歴史的な観点から位置づけようと試みた。彼らについて、何が新しくて、何が昔からの傾向なのかを分析している。何世代にもわたり繰り返されてきた、学生の変化のサイクルを紹介するが、今日の学生は従来のパターンにあてはまらない。彼らは、歴史の流れが断絶する時代に生きている、過渡期の世代であるといえる。このような若い世代にとってどのような教育が最善か、いくつかの提案を試みた。

謝辞

多くの方々の協力があって、本書は出版に至った。この企画に財政的な援助をして下さったラルフ・ランドグレンとリリー基金には、特に感謝する。この援助なしには、本書は書かれることがなかっただろう。

　ジャナ・ニドファーは一九九二年から九四年の間、このプロジェクトのあらゆる面に私たちと一緒に関わってくれた。この間、彼女はプロジェクトのすべてに関与しており、私たちにとってかけがえのないパートナーであった。いくら感謝しても足りない。ダフネ・レイトンは、プロジェクトの計画に加わり、博士号を取得してマサチューセッツ大学に赴任する直前の数カ月間、初期のキャンパス訪問を担当してくれた。彼女ほど厳しく、また上手く質問をする人はなく、調査が進行するにつれ彼女の不在が惜しまれた。シルヴェリオ・ハーロはこのプロジェクトにまさに献身的につくした。テーマに深い関心をいだき、何週間もかけてデータを分析するためのソフトウェアとハードウェアのアプリケーションをマスターする役を引き受けてくれた。また、どうしても必要なときに大学訪問を代行してくれたインゲ-リセ・アメール、九三年の学部生調査の管理にあたったジャック・キャロルとプリンストンのオピニオン・リサーチ・コーポレーション、データ分析を助けてくれたジャン・シヴィアンにも、感謝の意を表したい。シャロン・シングルトンには特に感謝の念を申し述べる。彼女はこのプロジェクトがスタートした時点から九四年まで、あらゆる面をコーディネートし、関わった人間全員とあらゆる調査活動をきちんとまとめてくれた。一体どうやってそれを可能にしたのか、私たちにはいまだに分からないが、彼女が素晴らしい同僚であったことは確かだ。

　一九九四年にアーサー・レヴィーンはハーヴァード大学からコロンビア大学へ、またジャネット・キュアトンはシカゴに移ったが、その時点で新たなスタッフがプロジェクトに加わった。ナンシー・グリフィング、ジャッキー・スパーノ、キャシー・シンが、この研究の統括を引き受けてくれた。スタッフの移動にどう対処しながら人をやりくりし、山のようなデータをさばき、しかも一つのミスもなかったのか、ただただ驚くばかりである。この時期には、どうしても必要な情報を集めるのに、二人の人物の大きな貢献があった。カーネギー財団のジーン・ホワイトローは懸命な努力をして、書庫にしまいこまれた資料を探しだしてくれた。また、エルムハースト・カレッジの図書館司書ドナ・グッドウィンは、より新しくそれだけに探しにくいデータを集めるため、このプロジェクトに専従というような形になった。

コロンビア大学ティーチャーズ・カレッジの学生グレース・ツァイは、学生自治会会長と学生新聞編集長を対象にした一九九五年の調査を実施した。ティーチャーズ・カレッジの大学院博士課程に籍をおくケヴィン・キンサーは、調査全般に関わり、調査の計画と進行にあたった他、一九九七年の調査の責任をもってくれた。ケヴィンには本当に助けられたし、私たちの調査の充実のため素晴らしい働きをしてもらった。彼がこのプロジェクト最大の貢献者といって過言ではない。

すべての友人・同僚に、言葉に言い尽くせない感謝の意を表したいと思う。また、一九九二年の調査事項を決める際協力してもらったハーヴァード大学の教育管理理論クラスの皆さんにもお礼を申し上げる。一九九六－九七年にかけて実施した大学当局者への調査内容を見直した際にご協力いただいた方々にも感謝している。特にお礼を申し上げなければならないのは、二八の大学で調査のコーディネーターを務めて下さった方々である。その氏名と調査当時の所属は、補遺Bにある。最後に、この調査に参加して下さった何百もの大学、そしてインタビューや調査のために多くの時間を割いて下さった方々に心からお礼を申し上げる。

一九九八年一月

アーサー・レヴィーン
ジャネット・キュアトン

著者紹介

アーサー・レヴィーンは、ニューヨーク市にあるコロンビア大学ティーチャーズ・カレッジ教授で、学長を務めている。ブランダイス大学で学士号を、ニューヨーク州立大学バッファロー校で博士号を取得した。ティーチャーズ・カレッジに赴任する以前は、ハーヴァード大学教育学大学院の教育行政学主任を務めた。

レヴィーンは数多くの著書・論文を発表している。一番新しい著書は *Beating the Odds: How the Poor Get to College* (with Jane Nidiffer, 1996) である。その他の著書に、*Higher Learning in America* (1993), *Shaping Higher Education's Future: Demographic Realities and Opportunities, 1990-2000* (1989), *When Dreams and Heroes Died: A Portrait of Today's College Student* (1980), *Handbook on Undergraduate Curriculum* (1978), *A Quest for Common Learning* (with Ernest L. Boyer, 1981), *Opportunity in Adversity* (with Janice Green, 1985), *Why Innovation Fails* (1980) がある。一九八二年にグッゲンハイム助成金を獲得した他、一九七四年に著書 *Reform of Undergraduate Education* がアメリカ教育評議会の年間最優秀出版物に選ばれた。また、一九八一、八九、九〇年に教育書出版協会の賞を受賞、全米学生担当者協会などからも賞を受けている。一三の名誉学位を授与された。一〇年間にわたって *Change*

誌の編集主幹だった他、二五〇校以上の大学の相談役を務めた。一九八二年から八九年までブラッドフォード大学学長、一九七五年から八二年までカーネギー基金とカーネギー高等教育政策研究協議会評議員。

ジャネット・S・キュアトンは、夫が学長を務めるイリノイ州エルムハースト・カレッジに関わる傍ら、高等教育に関する調査研究を行っている。一九九四年にシカゴに移ったが、それ以前はマサチューセッツ州ミルトンにあるカリー大学で学長補佐、またハーヴァード大学教育学大学院でアーサー・レヴィーンの研究助手を務めていた。ベイツ大学で学士号、ジョンズ・ホプキンズ大学で教育学修士号、ハーヴァード大学で教育学博士号を得た。

レヴィーンと共同で、貧困者の大学進学、多文化主義とカリキュラム、一九九〇年代の大学生の姿などの問題調査にあたった。調査結果は *Change* 誌や *Review of Higher Education* 誌に発表されている。キュアトンはニューイングランド高等教育センターが行った調査活動にも加わっている。

現代アメリカ大学生群像——希望と不安の世代——

目　次

現代アメリカ大学生群像——希望と不安の世代——

1章　名なしの世代

私たち八〇年代に育った人間は、名なしの世代で、代弁者さえいないといわれてきた。でも、今はもう違う。『タイム』誌が一九九〇年に「二〇といくつか世代」（一九八〇年代に中年期を迎えたベビー・ブーム世代が若さを強調して「三〇といくつか世代」と自称したのにかけた名称）という名前を思いついて以来、タコ・ベル（主としてタコスを扱うファスト・フードのチェーン）からクリントン再選キャンペーンに至るまで、文化的な意味をもつ現象で主だったものはすべて、私たちの世代に独自の命名をしようとやっきになっている。

アレグザンダー・スター「〈二〇といくつか世代〉という神話」

自分の世代のことで、本当に困惑しています。メディアや評論家は「ジェネレーション・X」とか「失われた世代」といった呼び方で済ませてしまいます。私たちは、自分たちが生きる目的や使命を世代の名前とすることができなかったからです。文化研究を専攻している友人にいわせると、「名のないものに名をつけようとしている」のだそうです。もしかすると、そこに神秘的なメッセージが隠れているのかもしれません。でも、政治的には、さんざんな目にばかり遭ってきました。

アキバ・ラーナー「私の世代」

ジェネレーション・Xっていうのは、愚痴っぽい連中だっていうんだろう？　みんな怠け者で、服を着たまま眠ってしまって、自分たちにかぶさってくる国の財政赤字のことで不平たら たら、そしてグレッグ・ブレイディかマルシア・ブレイディ〔一九六九—七四年、ABCテレビが放送したドラマ「ブレイディ一家」に登場するティーンエイジャー。再放送されるうちに健全なホームドラマとして人気が高まった〕みたいな人の出現を待ち望んでいるってね。そんなわけないだろう。二〇代のアメリカ人は三八〇〇万人いるけれど、確実にいえることは二つしかない。この連中はアメリカ人で、二〇代だっていうことだ。

ジェフ・ジャイルズ「ジェネラリゼーションズ・X」

俺たちが愚痴っぽいっていったね。名なしのジェネレーション・Xっていって片づけたね。さて、どいてもらおうか。俺たち、あんたらが思ってるようなのとは違うんだよ。

『タイム』

アメリカでは、何かというと特定の世代に名前をつけたがる。しかし、「ジェネレーション」は実はあてにならない言葉で、二つの異なる方法で定義される傾向がある。一つは年代による定義で、同じ時代に生まれた一群をさす。もう一つは共通する経験による定義で、戦争、政権、技術革新、災害、経済の動向など、重要な出来事の経験をともにした一群をさす。二つの定義には重なる部分がかなりあるが、二番目の方が当然ながら幅広い年代を含む。

本書は、両方のアプローチを取り入れている。第一の定義にあてはまる、一九七〇年代から八〇年代初めに生まれ、九〇年代中頃から後半に大学生となった若い世代に関する記述が大半を占める。が、第二の定義をとって、年齢にかかわらず九〇年代後半に大学生活を送っている学生全体を含める場合もある。その場合、本文中でその旨断っている。

「ジェネレーション」をどう定義するにしても、アメリカでは一つの世代が現れるとその特徴を探りだし、前の世代とどこが違うのかを解明しようと躍起になる。そして、その世代の顕著な特徴をとらえたニックネームをつける。飼い犬にクロ、ピョンちゃん、ブチ、といった名前をつけるのと何ら変わらない。

第一次世界大戦以後の若い世代は、常にこのようにして歴史に名を残してきた。アライグマの毛皮のコートをまとい、ズボンのポケットに入れた平たい小瓶から酒を飲み、チャールストンを踊る一九二〇年代の若者は、「失われた」世代と命名された。その一〇年後、職に就けず運にも見放された若者は、精神的にも落ち込み、「恐慌」世代といわれた。第二次世界大戦後の世代は、グレーのフランネルのスーツに身を包み、戦争で中断された生活を立て直そうと急いでいる、というイメージでとらえられ、「静かな」世代と呼ばれた。その後に続いたのが一九六〇年代の「ベビー・ブーマー」たちだ。「セックスとドラッグとロックンロール」の世代といわれ、ベルボトムに愛と平和を象徴する首飾り、それと絞り染めのTシャツという姿で人々の脳裏に焼きついている。一九七〇年代終わりから八〇年代には、テレビドラマ「ファミリー・タイズ」でマイケル・J・フォックスが演じたアレックス・キートンそっくりそのままの若者が続々と出現した。保守的で体制順応派、ヘアスタイルとファッションをきめて、経済的に成功するための努力を惜しまないこの世代は、「ミー・ジェネレーション」と呼ばれた。

一九九〇年代は、それまでとは様相が異なる、新しい世代が現れた。メディアはこの世代に名前をつけようと、先陣争いを演じた。一番先に新しい呼び名を考え出すのは誰だろう？　どんな名前が定着するのか？　誰の手柄になるのだろうか？　『タイム』誌が一九九〇年にいち早く巻頭特集を組んだが、『アトランティック・マンスリー』『USニューズ・アンド・リポート』『フォーチュン』『ビジネス・ウィーク』『ニュー・リパブリック』などの主要各誌がこれに続き、『タイム』も再度特集を企画した。『ジェネレーション・X』や『一三番目の世代』〔合衆国憲法が批准されて以来一三番目の世代であるというところから〕といったタイトルの本が出版された。映画では「ヘザーズ」「シングルズ」「パンプ・アップ・ザ・ヴォリューム」「スラッカーズ」「クルーレス」「リアリティ・バイツ」、テレビドラマでは「ビバリーヒルズ青春白書」「クラス・オブ・九六」「ボストン・コモン」などが制作された。劇画、劇画のテレビドラマ化、テレビドラマのミュージカル化、テレビドラマを舞台化したものの映画化などがさらに続いた。

メディアによる若者描写がたて続けになされるなかで、現代の若者世代の特徴をどうとらえてそれをどんな名で呼び表すか、驚くほど多くのアイディアが出た。最初に使われた名の一つは、二〇代という年齢にひっかけて「二〇といくつか世代」というものだった。次に、アメリカの歴史のなかでどのような位置を占めるかというより大きな視点から、「一三番目の世代」あるいはもっと簡単に「サーティーナーズ」という呼称が使われた。人口学的な要因からついた名前もある。この世代は人口が少ないことから、「ベビー・バスターズ」〔出生率急減世代〕あるいはより一般的に広がった「バスターズ」という言い方がでてきた。文化的な好みをとらえて「MTV〔ロック音楽専門のケーブルテレビ放送〕世代」とも呼ばれた。性格的な特徴を表す呼び名も考案されたが、好意的にみているかどうかにより「スラッカー」〔怠け者〕あるいは「修理屋世代」と、命名が異なった。前者は社会からの遊離、後者は社会参加の意思を重視している。

この世代の指向を表現した「楽天的」「下向き」といった名称も登場した。「晩成世代」は、青春期が延長され能力の開花まで時間がかかるという特徴を示す呼び名である。「失われた」世代、などの二番煎じの名前は、似た傾向の世代が繰り返し現れるものだという理解を示している。「つかみどころがまったくない」とみなされれば「ジェネレーション・X」と呼ばれ、「ほとんどつかみどころがない」と「ポスティーズ」になった。「ポスティーズ」は「ポスト・ヤッピーズ」の略である。どういう連中かわからないけれどヤッピー〔「ヤング・アーバン・プロフェッショナルズ」高等教育を受け、都市またはその近郊に住み、専門職で高収入を得ている〕の後に出現したのだから、ヤッピーとは明らかに別物、というわけだ。歴史のなかで占める位置から名前を決めようとするアプローチの一つである。

もう一つ、おなじみのアプローチがあるが、それは「ジェネレーション・Y」（Yではなく why

と表記する場合もある）という名によく表れている。ジェネレーション・Xではないというのだから、きっとYなのだろう、という理屈だ。why? に対する答えを誰がだせるというのか。さらに、独立したアイデンティティを見出すのを諦めて、「ネクスト」（neXt）という名前が考え出された。前の世代に続くというニュアンスと皮肉を感じさせるものの、内輪うけにすぎない名称だ。

驚くほど多様な名前が考案されたが、定着したのはいうまでもなく「ジェネレーション・X」で、名づけ親はダグラス・クープランドとされた。しかし、一九九五年には、クープランドは名づけ親と呼ばれたいかどうか自信がないし、名前の妥当性も疑わしいとして、次のように述べた。「私は今ここで、Xは終わったといいたい。あらゆる雑音に一時停止をかけたい。というのは、XだかYだかKだか知らないが、異質のジェネレーションが今存在しているかどうかは、もはや議論の価値がない問題だ。カート・コベイン〔ロック・グループ「ニルヴァーナ」のボーカリスト、一九九四年に自殺〕は天国だし、『スラッカーズ』は大作映画になってしまったし、メディアは一三歳から三九歳までの人間をすべてX世代と呼ぶ」（Coupland, 1995, p. 72）。

賑やかなことこの上ないが、この世代に最もふさわしい呼び名はどれだろう。実に多くの、多様な、互いに矛盾するような名前が登場した。ぴったりしたものはないように思われる。一番広く用いられるのは、この世代の匿名性をとらえた「ジェネレーション・X」またはその短縮形の「エクサー」だろう。「X」と自称するという若い人は一〇人に一人にすぎない。これに関しては、ラップ歌手ドクター・ドレのコメントが伝えられている。「俺の周りじゃ聞かない名前だね。Xといったらマルコム・X〔一九二五―六五　アメリカの黒人公民権運動指導者〕しか知らないよ」（Giles,

1994, p. 64）。一番早く使われるようになった「二〇といくつか」はいまだに耳にするが、名づけ親の態度はやはり冷たい。『ニューズウィーク』誌にはこんな一文が載った。「年をとりすぎるとクラブから追い出される、そんな感じの名前だ。これではまるでメニュード〔一九七七年に結成されたポップ・グループで、メンバーが次々入れ替わることで知られる〕だ」（Giles, 1994, p. 64）。

呼び名よりもさらにやっかいなのは、この世代のイメージをどうとらえるか、である。『フォーチュン』誌は「アップビート・ジェネレーション」と題した記事で、今日の若者は自分個人の将来に関しては楽観的で、両親と同程度のレベルにはいけると思っている、と述べた。それによると、彼らは将来のキャリアの見通しに満足しており、「ミー」ジェネレーションのような主張はもっていないものの、アメリカの将来に関しては悲観的である。仕事よりも個人の関心を優先させ、味わいのある人生を生きたいと願っている。結婚は人生に本質的なものとみなし、一〇人のうち九人までが結婚は一度きりのつもりだと回答した。彼らにとって教育は、収入を得られるようになるためだけでなく、人間的な成長のためだ（Deutschman, 1992）。『フォーチュン』誌の五年後、『タイム』誌も全く同じ見方を示した（Hornblower, 1997）。

これとは対照的に、同じ世代を、社会からシャットアウトされ、苛立っており、無視され、自分の将来を悲観している、とする見方も現れた。『ビジネス・ウィーク』誌の「ベビー・ブーム世代はどいてくれ、バスター世代のお通りだ――しかも頭にきているぞ」という記事がそれだ。この記事によれば、若者たちは「給料をもらう以外は何の面白みもない、ありふれた、やりがいのほとんどない仕事につく」運命にあるとされた（Zinn, 1992, p. 76）。過去の世代よりも失業の憂き目をみるか、能力を十分に活用できない可能性が高く、卒業後も親元を離れられない。ベビー・ブーム世代のせいでキャリアが開けない、と恨みがましい気持ちをもっている。経済的な不安をかかえているだけでなく、感情的にも安定していない。エイズ、家庭崩壊の増加、経済の停滞などの事態に直面しても、集団的に不吉な予感を感じたという以外は、共通性をほとんどみせない世代、という見方だ。「リアリティ・バイツ」や「スラッカーズ」などの映画も、同様の視点からこの世代を描いた。

このように、全く相反する見方を示されたり、ここにあげた何本かの映画を観るうちに、この世代は楽観主義と悲観主義、満足と絶望の間で揺れ動く、ジキルとハイドのような存在で、一体何者なのかどうもよくわからない、という思いにとらわれざるをえない。

矛盾する二つの見方は、ある程度当たっている。過去の若者世代のイメージは、戯画化されたものだ。たとえば、一般に流布している一九六〇年代の若者のイメージは、実際の姿とは似ても似つかない。六〇年代の若者は、概して政治的ではなかった。六九年といえば六〇年代の若者の反抗が最高潮に近かった年だが、デモに参加したことがある学生は全体の三分の一にも満たない二八%にすぎなかった（Gallup International, 1969）。七〇年に、ケント州立大学とジャクソン州立大学で学生が撃たれるという事態に至り、全米の大学キャンパスに争乱状態が広がったその週に行われた調査でも、全米の大学の四三%はこうした争乱とは全く無縁であったことがわかっている（Peterson and Bilurosky, 1971）。さらにいえば、六〇年代の大学生の政治的な立場は中道か保守で、六九年の調査ではリベラルか左寄りと回答した学部生はわずか三分の一であった。六九年に入学した学生の半数以上（五九％）が、大学に入ったのは将来職業に就くのに必要な教育と技術を身につけるためだ、と述べている（Undergraduate Survey, 1969）。これはいつの世も変わらない大学入学の理由だ。半数（四九％）が、大学教育の最大のメリットは、将来できるだけ多くの収入を得られるようになることだと回答している（Undergraduate Survey, 1969）。

我々がある世代に対してもつイメージは、絶えず変化を続ける若者の態度、価値観、行動などから生みだされる。変化は大体において、質ではなく程度の変化だが、それでも国中の関心を集めてしまうものだ。このような変化をとらえて世代にレッテルを貼るのだが、時が経つにつれ、世代よりもレッテルの方がリアルになっていく。レッテルはステレオタイプ化され、戯画に描かれ、世代間の差異は隠れてしまう。六〇年代の若者、あるいはその前後の世代のイメージは、こうして形づくられたものだった。

この世代の姿を描き出そうとすればするほど、レッテル貼りに必然的に伴う矛盾がつきまとってくる。流通誌『ブランドウィーク』は「さまざまな対立の複雑なミックス」という言い方でまとめた（Benezra, 1995, p. 34）。ある本（Holtz, 1995）の表紙には、「世代というものは、メディアが伝える一言で作られるのではない。人口統計学や政治や文化や国の経済状態によって作られる」という言葉が踊った。『いけすかないジェネレーション』〔エックスとかけた洒落〕（Cohen and Krugman, 1994）と題した別の本は、あらゆるレッテルをあざ笑い、「クサいレッテル貼りはもうおしまい！」と宣言した。

一般に流布したレッテルのうち、過去一〇年の間に生まれしかも消えずに残ったものは、どれも正確な面と不正確な面を併せもっている。いずれも、ある特徴を捉えようとしているものの、この世代全体を十分に表現しているといえる呼び名はない。これほど複雑な世代を完全に把握し歴史のなかに位置づけるのは、時間が経ってからでないと難しい。しかし、組織的な調査を通して理解を広げることなら可能だ。本書は、この世代のある一部の姿を描き出そうとする。その一部とは、アメリカ全体とこの世代自体のリーダーとなるはずの存在、すなわち今日の大学生である。

今日の大学生が成長してきた時代

今の大学一年生は二〇〇一年に卒業することになるが、だいたいが一九七九年に生まれている。つまり、ジョン・ケネディ大統領が掲げた「ニュー・フロンティア」の理念が消え、リンドン・ジョンソン大統領が「偉大な社会」の構想を掲げた時点から一五年が経過していた。マーティン・ルーサー・キングも、ロバート・ケネディも既にこの世になく、人類は月面着陸を済ませていた。ウォーターゲート事件とリチャード・ニクソン大統領の辞任、ベトナム戦争、ジミー・カーター大統領当選、アップル・コンピュータ社誕生、超音速旅客機コンコルドの飛行、エジプトのサダト大統領とイスラエルのベギン首相によるキャンプ・デイヴィッドの和平合意、これらはすべて過去の出来事だった。

少し上の世代にとって大きな意味をもった存在も、彼らには無縁である。今日の学部生の一〇人に四人以上（四二％）がヒューバート・ハンフリー（一九一一―七八　ジョンソン政権の副大統領を務めた〕の名を聞いたことがないといい、グロリア・スタイネム〔一九三四―　フェミニスト の編集者・著作家〕を知らない学生もほぼ同じ割合（四五%）に達する。ほとんど半数（四八%）の学生が、バリー・ゴールドウォーター〔一九〇九―　上院議員を長く務め、一九六四年共和党の大統領候補になった〕やラルフ・ネーダー〔一九三四―　弁護士・消費者運動など社会改良活動家〕を知らなかった（Undergraduate Survey, 1993）。

上の世代の記憶に印象深く残っている出来事は、現代の大学生にとっては縁のない昔話にすぎない。悲しみや怒りであれ、幸福感や希望であれ、同じ出来事に対して二つの世代が共通の反応を示すことはない。若い世代は、歴史上の出来事として受け止めるのが関の山だろう。

彼らは全く別の時代に育ってきた。二〇〇一年卒業予定の学年で高校卒業後すぐに進学してきた学生が生まれた年には、イラン人質事件、スリーマイル原発事故、政府によるクライスラー社救済といった出来事があった。ロナルド・レーガンが大統領選挙で圧倒的勝利をおさめ、ジョン・レノンが撃たれた年、彼らは一歳だった。二歳の年にエイズが確認され、ＭＴＶがスタート、アメリカで初のソフトウェア特許が認められた。三歳の年に大恐慌以後最高の失業率が記録され、男女平等憲法修正案は批准されず、史上初めて働く母親が五割を超えた。四歳の年にＣＤが新発売され、サリー・ライドが初のアメリカ人女性宇宙飛行士として宇宙に出た。五歳の年にベル電話会社が分割された。

ゴルバチョフがソ連共産党書記長に就任し、アメリカが世界一の赤字国になり、グレナダに侵攻した一九八五年、彼らは六歳になっていた。七歳の年にチャレンジャー号爆発、チェルノブイリ原発事故、テロ行為に対する制裁としてアメリカによるリビア爆撃、ウォール街の株式仲買人イヴァン・ボエスキーが不法なインサイダー取引を行い一〇〇万ドルの罰金を支払うなどの出来事があった。八歳の年にはパレスチナでインティファーダ〔イスラエルが占領するヨルダン川西岸地区およびガザ地帯でのパレスチナ住民による抗議運動〕開始、株式暴落、イラン・コントラ事件でオリヴァー・ノース少佐が議会証言などが記録されている。ジョージ・ブッシュが大統領に当選したのは彼らが九歳の年、翌年にはベルリンの壁崩壊、民主化運動のデモ参加者数千人が殺された中国の天安門事件、アラスカのプリンス・ウィリアム湾でタンカー座礁事故が発生し一〇〇〇万ガロン以上の原油が流出、そしてアメリカ政府が貯蓄貸付業界の救済に乗り出した。

一一歳の年には湾岸戦争、ネルソン・マンデラの釈放、ドイツ統一があり、翌年にソ連崩壊、南アフリカ共和国でアパルトヘイト廃止、黒人であるクラレンス・トーマスの最高裁判所判事就任などの出来事が起きる。一三歳の年にビル・クリントンがアメリカ第四一代大統領に当選、現・元国会議員三〇〇人が下院の銀行スキャンダルに関係、ソマリアへの軍派遣、ロドニー・キング事件裁判の結果を受けてロサンジェルスで暴動発生などの出来事があり、ボスニア・ヘルツェゴヴィナでは民族浄化の戦争が始まった。一四歳の年には、イスラエルのラビン首相とPLOのアラファト議長が和平合意に調印、ブランチ・デヴィディアンと連邦政府当局がテキサス州ワコでにらみ合いを続け、西ヨーロッパの一二カ国が欧州共同体を結成した。大リーグの選手ストライキのためワールド・シリーズが中止になり、ロック歌手カート・コベインが自殺をしたのは一五歳の年、ニュート・ギングリッチが下院議長に就任し、殺人罪に問われたO・J・シンプソンが無罪になり、爆弾テロでオクラホマ・シティにある連邦政府ビルが爆破されたのは、一六歳の年のことだった。一七歳の年にはイスラエル首相暗殺、ユナボマー事件容疑者逮捕、ビル・クリントン大統領再選があり、一八歳の年にシンプソンが民事裁判で有罪、過去に例のない高騰を続けていた株価が史上初めて八〇〇〇ドルの大台突破、英国皇太子妃ダイアナがパリで自動車事故死といったニュースがあった。

ここから浮かび上がってくるのは、人口学的、経済的、技術的、地球的、そして社会的に大きな変化の時代に生きている若い世代の姿である。人口学的には、この世代の人口は近年に例をみないほど少ない。一九七〇年に、一五歳から一九歳までの世代は全人口の一〇%近くを占めていた。それが九五年になると、四分の一以上減ってわずか六・九%にすぎなくなった（U. S. Department of Commerce, 1996）。結果として、今日の大学生はアメリカ史上最大の集団であるベビー・ブーム世代の影に隠れ、注目されない存在だった。

しかし、人口の減少は全体に共通の傾向ではない。一九八〇年代から九〇年代にかけて、一五歳から一九歳世代の白人人口はマイナス一九%を記録した。同世代の黒人人口の減少率は六%で、その結果相対的に黒人の割合が増加した。アメリカ・インディアンは一八%の増加、ヒスパニック系は四二%の増加を示した。アジア系アメリカ人の増加率は一〇〇%を超えた（U. S. Department of Commerce, 1996）。結局、有色人種のティーンエイジャーの割合が急増したのである。そのため、今日の大学生は、アメリカ史上最も多様な人種構成の世代となっている。彼らは小さい頃から、人種と民族の力関係が大きくものをいう社会で育ってきた。その意味で、この世代は親など年長の世代とは全く異なる経験をしてきたといえる。彼らより上の世代は、このような新しい状況にうまく適応できなかったし、そうしなければならないというプレッシャーもなかった。

経済面を見ると、この世代はヘンリー・ルースが「アメリカの世紀」と名づけた時代の最後の四半世紀に生まれている。この時期、アメリカ経済の優位は揺らいだ。自動車、家電製品、工作機械、半導体、コンピュータ、コピー機、繊維、鉄鋼などの主要産業で、他国との貿易収支が悪化した(Kennedy, 1993)。一九七五年から九四年の間に、アメリカの貿易収支は九〇億ドルの黒字から一五〇〇億ドルの赤字へと転落した(U. S. Department of Commerce, 1996)。

同じ期間に国の財政赤字はほぼ一〇倍に膨れ上がり、一九七五年の五三三〇億ドルから九五年には五兆ドルへ増大した(U. S. Department of Commerce, 1996)。この結果、国の予算に占める利子の支払いの割合は、一九七五年には九・八%であったものが、九五年には一二%にまで達した(*World Almanac and Book of Facts*, 1997)。ドルの力は衰え、一九七五年から九五年の間にその購買力は三分の二に減ってしまった(*Universal Almanac*, 1997)。このような状況下で消費者物価は高騰した。家の値段で比べてみると、普通の家族向け住宅が一九七五年には四万二〇〇〇ドルで買えたのに、九五年にはその三倍以上の一五万九〇〇〇ドルも出さないと手に入らなくなってしまった(*Universal Almanac*, 1997)。こうした変化は貧困率に如実に表れている。一九七五年から九四年の間に、貧困レベル以下とされる国民は五〇%以上も増加した(U. S. Department of Commerce, 1996)。一九八六年には、「ホームレス」という項目が『ブリタニカ大百科事典』に新たに取り上げられた。

今日の大学生世代に決定的な影響を与えたのは、彼らがアメリカの経済が下降線をたどるなかで育ってきたという事実である。近年失業率は下がり、株式市場は強気に推移し平均株価は史上最高値を記録して、経済が回復の兆しをみせているのは確かだ。だが、大学生世代にとってはこうした事態の好転も、一時帰休が広範に実施されたり、連邦準備制度理事会議長がウォール街に対し極度のインフレを招かぬよう警告を発したり、職場を他国に奪われているなどの状況によって、差し引きゼロとなってしまう。外国の投資家が著名なアメリカ企業を買収し、歴史的建造物も買収の対象になった。アメリカの国際競争力がなぜ弱いかを分析する書籍が次々と出版されたが、そのなかで、財政赤字の増大に伴い国は今日の支払いのために未来から不当に金を奪っている、と繰り返し指弾された。

このような環境で、若い世代は絶えず将来への不安にさいなまれている。「いい仕事」に就けるだろうか？　経済的に安定できるだろうか？　マイホームをもち家族を養っていけるだろうか？　アメリカの経済的な見通しは暗くなる一方なのではないだろうか？

現在在学中の学生は、新しい時代の幕開けとともに大人になった世代である。一世紀の間にアメリカは農業国から工業国へと変身し、さらにはサービス、情報、科学技術などが中心を占める経済体制に移行した。今日の学部生たちが大きくなる間に、経済に占める農業の割合は縮小を続けてきた。一九八〇年から九五年までに、農家の戸数は一五%減少した（U. S. Department of Commerce, 1996）。工業従事者は一〇%の減少（U. S. Department of Commerce, 1996）、労働組合員は四〇%もの減少を示した（*World Almanac and Book of Facts*, 1997）。反対にサービス業従事者は飛躍的に増え、一九八〇年から九五年までに二倍以上の増加をみた（U. S. Department of Commerce, 1996）。

この分野の仕事が増えたのと同時に、新しい技術が次々に誕生した。パーソナル・コンピュータ、ソフトウェア、遺伝子工学、スペースシャトル、光ファイバー、CD-ROM、それにデジタル・オーディオ・テープなどがあげられる。発明品はすぐに実験室から家庭に入り込んだ。家庭用ビデオデッキが開発されたのは現在の大学一年生が生まれる二年前のことだが、一九九五年にはビデオはアメリカの家庭の八五%に普及するまでになった（*Universal Almanac*, 1997）。同じく九五年に家庭への有線テレビの普及率は六五%（*Universal Almanac*, 1997）、電子レンジは八〇%以上の普及率に達した（*World Almanac and Book of Facts*, 1997）。九五年一年間だけで、留守番電話の販売台数は一八〇〇万にのぼり、携帯電話は六〇〇万台、コンピュータは八四〇〇万台売れている（*Universal Almanac*, 1997）。アメリカの市場にCDが登場した一九八三年、現在の大学一年生は四歳だったが、一〇年もたたないうちに最も一般的な音楽の形になった。今日あらゆる音楽の三分の二までがCDの形で販売されている（*Universal Almanac*, 1997）。現在の大学一年生が一〇歳になった八九年にワールド・ワイド・ウェブが誕生したが、今日では二五〇〇万人以上が利用している。

しかし、このような新技術の華々しい成功の一方で、驚くほど大規模な失敗があったのも事実である。一九八四年にインドのボパールで発生したユニオン・カーバイド社の有毒物質流出事故では二〇〇〇人が死亡、負傷者は一五万人にのぼった。アメリカとロシアでおきた原子力事故に世界は衝撃を受けた。史上最大の原油流失事故が発生、アラスカのプリンス・ウィリアム湾は何百万ガロンという原油で汚染された。テレビ中継が世界に流れるなかでスペースシャトルが爆発、七人の乗組員が命を落とした。アメリカ海軍巡洋艦ヴィンセンヌ号が誤ってイランの旅客機を撃墜するという事故もあった。ハッブル宇宙望遠鏡を打ち上げたものの、欠陥が見つかった。フロンガスを使用したスプレーが原因で地球のオゾン層が破壊されている、と科学者たちは警告した。

今日の学生は、間違いなく技術革新の時代と称されるであろう時代に成長した（もっとも、技術革新には良い面も悪い面もあったが）。この世代が子供の頃、アメリカではコンピュータ、ファックス、電子メール、ビデオ、携帯電話、光ファイバー、CD、有線テレビ、ワールド・ワイド・ウェブなどにより、コミュニケーションの様相が以前とは一変した。これは静かに進行した変革で、毎年家庭や学校やオフィスに少しずつ機器が増えていった。家庭にロボットがいるとか、無限のエネルギー源開発、あるいは、低温学や商業ベースの宇宙旅行の実現性など、SF小説に出てくるような未来は遙か彼方にあるようにしか感じられなかったはずだ。むしろテクノロジーが引き起こす事故や失敗の方がリアルで身近に感じられた。メディアが地球規模で発達して、こうした出来事が瞬時に伝えられたせいもある。若い世代は環境破壊やテクノロジーが引き起こす災害を怖れるようになった。この世界は住むのに適した場所といえないのではないか？　何らかの激変によって、自分たちの寿命が短くなってしまうのでは？

世界情勢の変化も、激しさという点でひけをとらなかった。今日の大学生は、統合、分離、連合、市民に対する弾圧などを目撃しながら育った。第二次世界大戦以来アメリカの敵であった共産主義は、一夜にして崩壊したかのようだった。一九八九、九〇、九一年には、東ヨーロッパ諸国が次々と共産主義政府に反旗を翻す様子が報じられた。ベルリンの壁は一晩で崩れ、ソ連共産党の政権追放もあっけなく実現した。一五の新しい国家が誕生し、東ドイツ、チェコスロヴァキア、ユーゴスラヴィア、そしてソ連自体が存在しなくなった。このなかには「民族浄化」と内戦が始まった地域もある。

昔からの敵同士の和解が実現した例もある。イスラエル人とアラブ人、南アフリカの黒人と白人が、それぞれ互いに歩み寄った。北アメリカが自由貿易協定で一つに結ばれた。それでも、さまざまな変化や新しい流れはめまぐるしく、何があっても不思議ではなかった。たとえばポーランドでは、旧共産党が権力の座に復帰した。イスラエルとパレスチナの間には小規模な戦闘が絶えず、警告と警戒体制が繰り返された。カナダではケベック州が分離独立の機を窺っている。中国では反体制派の学生が蜂起し、弾圧された。アメリカ軍は、ラテンアメリカ、アフリカ、中東で戦闘を行った。世界中で、爆破や誘拐、殺人など、あらゆる形のテロが発生した。どの大陸でも、飛行機、船、車、政府機関の建物、礼拝堂、店舗、職場、それに一般家庭などあらゆる場所がテロの現場となった。北朝鮮、南アフリカ、旧ソ連の独立国家、それにイラクが新たに核兵器を保有した。

新しい世界秩序が生まれようとしていた。アメリカ経済の未来が世界の経済と分かちがたく結びついているのは明らかだった。アメリカの雇用や、産業、金融市場、銀行業、消費、それにドルの価値などは、いずれもアメリカ国内だけでなく国外の出来事に左右された。環太平洋地域が新たな経済勢力として台頭した。経済大国日本だけでなく、韓国、台湾、シンガポール、香港などが世界経済のリーダーとなったことは、大半のアメリカ人に驚きをもって受け止められた。

若い世代にとって、上の世代が当然のことと考えていたもの（たとえば、先の見えない軍備拡張競争、ベルリンの壁、南アフリカのアパルトヘイト）は、すでに存在しなかった。世界のなかで合衆国の影は薄くなり、その力は以前とは比べものにならないくらい小さくなった。直感的に受け入れられてきた旧来の自己正当化や判断基準は通用しなくなり、外交政策は混迷の度を増した。新しい脅威が生まれ、小さくなった地球を不確定な未来が影のように覆っている、アメリカ人にはそんなふうに感じられた。見通しが最も暗い時期には、若い世代は急速に衰えていく国で生活していくことに不安を覚えた。彼らは、滅亡後のローマやギリシアと同じ状況下におかれるのではないか、と考えたのである。

社会的に見ると、若い世代を取り巻く環境にも変化が見られた。たとえば、もはや安心して通りを歩けなくなった。一九七八年から九五年までの間に、レイプの件数は四五%、暴力事件は六六%、殺人は一〇%増加した（*World Almanac and Book of Facts*, 1997）。一九九〇年代に入ってから犯罪率はかなり低下しているにもかかわらず、このような高い数字が残っているのである。九〇年だけをとってみても、一五歳から一九歳の世代で亡くなった人のうち、四分の一が銃で撃たれている（*Universal Almanac*, 1994）。一〇歳から一七歳の少年少女の六人に一人が、誰かが銃で撃たれるのを目撃したことがあるか、または撃たれた人を知っているという（Adler, 1994）。犯罪件数の増加は、アメリカの刑務所収容者数に表れている。一九八〇年から九四年の間に、受刑者は実に三倍以上に増えた（*Universal Almanac*, 1997）。地方メディアも全国メディアも毎日のようにトップニュースで凶悪犯罪を伝え、実際以上に犯罪が蔓延しているかの印象を与えた。小学校に入学するまでに、一人の子供がテレビで見る殺人は平均八〇〇〇件、暴力事件は一〇万件と見積もられている（Adler, 1994）。

犯罪が増加したのは子供を育てる社会的な機関が弱体化した時期と重なる。代表例は家庭である。一九七五年から九二年の間に、未婚女性の出産率は二倍以上に増加し、一四%であったものが三〇%にまでなった（*Information Please Almanac*, 1996）。家庭外で就業する親が増えた。労働人口に占める母親の割合は、一九七五年から九四年までに四四%増え、しかも子供が比較的小さいうちから母親が働くという傾向が見られた（*Information Please Almanac*, 1996）。片親の家庭に育つ子供の割合は増え続け、一九九五年には親がどちらか一方しかいないか両方ともいないという子供が一〇人に三人に達した（*Universal Almanac*, 1997）。一九七〇年代から八〇年代にかけて、貧困にあえぐ子供は三分の一以上増加した。一九九五年には五人に一人以上の割合で貧困レベル以下の生活をしている子供がいたと見られる（*World Almanac and Book of Facts*, 1997）。

若い世代にとっての宗教の存在は影が薄くなる傾向が認められた。一九七六年から九一年の間に、毎週礼拝に出席する高校三年生の割合は二五%減少した（U. S. Department of Education, 1993）。課外活動に対する関心も低下し、スポーツ、チアリーダー活動、趣味のクラブなどの活動への参加率は、一九八〇年代を通して下がり続けた（U. S. Department of Education, 1996b; U. S. Department of Commerce, 1996）。

こうしてみてくると、今日の大学生は自分の周りのあらゆるものが移り変わっていくように感じられる時代に育ってきたといえるだろう。しかも、その変化は多くの場合良くなったと思える種類のものではなかった。彼らより上の世代にとっては、家族、教会、学校、それに若者のグループなど、伝統的に若者を保護しショックを吸収する役割を果たすものが存在していた。このような現実を目の当たりにして、一九九四年に出た『ニューズウィーク』誌は特集記事で、彼らは「新たな不安やプレッシャーによって子供時代を奪われた世代」であり、今のアメリカの子供たちは「恐怖心を抱きながら大きくなる」と指摘した（Adler, 1994, p. 43)。その翌年には『タイム』誌が、若者は一〇代で直面する問題によって「生涯にわたって残る傷を負う」と指摘している（Wulf, 1995, p. 86)。

一八一九年に、作家ワシントン・アーヴィングは「リップ・ヴァン・ウィンクル」という物語を書いた。二〇年間眠り続けた男の話だが、彼は自分がどれだけ長い間眠っていたかを知らずに、かつて住んでいた村を歩き回る。そこでリップは次のように気づく。「村そのものが変わっていた。もっと大きくなり、人が増えている。見たこともない家が何軒も建っているし、よく出入りしていた場所はなくなってしまった。表札にあるのは知らない名前ばかり、人間も知らない顔ばかりで、すべてが前とは違っていた」（Irving, ［1819］1961, p. 47)。村人の気質も変わってしまった。「人々の性格そのものが変わっていた。以前に親しんでいた、のんびりして眠たげな物静かさは消え、どこか落ち着かなく慌ただしい様子で、論争好きになったように思われた」（p. 48)。リップはこういう結論に至る。「すべてが変わってしまったし、自分自身も変わってしまい、自分の名前もどこの誰だかもわからない」（p. 50)。

アーヴィングの作品は寓意物語である。単に長く眠りすぎた男の物語ではなく、産業革命が始まろうとしている時代に、人口の移動が激しいアメリカでいかに情け容赦のない変化が起こるかを描いている。一夜にして大きく変わってしまった見知らぬ世界に適応しようとしたリップ・ヴァン・

ウィンクルに、誰もが成り得たのだ。

今日の大学生は似たような時代に育ってきたといえる。『ニューズウィーク』誌に次のような一文が載ったことがあるが、その通りだろう。「かわいそうなリップ・ヴァン・ウィンクルが長い眠りから覚めて世間に戻った時の気持ちが、最近になってやっとわかってきた」(Janoff, 1995, p. 10)。コロラド大学で調査を行ったとき、自分たちの世代を形容する言葉は何かという問いに対して、最も多い回答は「くたびれた」であった。

本書は2章以降、経済的、政治的、社会的、それに心理的に大きなプレッシャーを受けて本当にくたびれている世代の姿を描きだす。彼らはくたびれていると同時に、いい人生を送り自分たちが住んでいる地域をよりよくしたいという願望に燃えているのも事実である。希望と不安が衝突している世代なのだ。

2章　凋落するアメリカ
――身近な社会改革へ――

「アゼルバイジャンで核兵器の資材が盗まれたと聞いたところで、何もできません。でも、近所の池をきれいにするとか、問題をかかえている子供の勉強をみてあげたり、ホームレスのためのシェルターにかかわることならできるんです」。　コロラド大学ボルダー校の学生

大学生はいつの世も、その時代の申し子に他ならない。戦争や経済の動向から選挙結果や発明にいたるまで、ある時代に起こった大きな出来事は、その時代を生きた個人の人生に意味をもつ。それればかりでなく、集団的な記憶となって残り、また共通の歴史的（世代としての、といってもよい）アイデンティティを作りだすことによって、個人と個人を結びつける役割も果たす。

最後の冷戦世代

学生に対して、一番大きな影響を受けた社会的または政治的な出来事は何であったか、という質

問をした。目的は、この世代がもっている意識、価値観、それに信条がどのようなもので、どうしてそれをもつに至ったかを探ることにあった。私たちはまた、二〇年あるいは三〇年前の学生の意識とどのように、そしてなぜ異なるのかも知りたいと考えた。アンケート調査と面接を通してこのような問題に対する答えを私たちは求めた。

一九九二年から九七年の間に、私たちはアメリカ各地の大学で学生を対象に一連の調査を行った。全米の平均を反映するように二七〇人の学生担当者および一万人に近い学生を選び、調査用紙に回答を記入してもらう方法をとった。これに引き続いて、二八の大学を訪問した。公立大学と私立大学、特定の宗派の大学とそうでない大学、キャンパスに居住している学生が多い大学と通学生が多い大学、大規模な大学と小さな大学、共学と女子大、黒人大学と人種混合大学、二年制と四年制大学など、アメリカのあらゆる地域の様々なタイプの大学である。この調査では五〇人近い学生担当者と三〇〇人の学生に、個別またはグループ単位で面接調査を行った。アメリカの高等教育全体を代表する、高校卒業後年月をおかずに入学した伝統的年代の大学生と、いったん社会に出てから入学したやや年長の大学生の集団を、サンプルとして抽出した。

同じような調査がカーネギー財団によって一九六九年と七六年から七九年にかけての二回、すでに実施されている。本書では、今回の調査結果と比較対照するため、以前の調査結果を用いた。これらの調査を私たちは学部生調査、学生担当者調査、キャンパス実地調査という名称で呼んでいるが、詳細は補遺Aを参照されたい。

社会的・政治的に最もインパクトの大きい出来事は何であったか、という質問をするにあたり、

表2－1　大学生にとって重要な社会的・政治的出来事（1993）

社会的・政治的出来事	「重要である」（%）
湾岸戦争	89
チャレンジャー号爆発	84
ベルリンの壁崩壊	84
アラスカ原油流出事故	84
ロドニー・キング事件	83
ソ連解体	81
エ イ ズ	a

a：エイズは調査対象項目にあがっていなかったが，学生との面接調査で必ず出てきた。
出所：Undergraduate Survey（1993）; Campus Site Visits（1993）

過去の世代の例を学生に示してみた。第一次世界大戦後に生まれた世代なら「大恐慌」と答えるだろう。その数年後に生まれた人なら、パール・ハーバー爆撃、第二次世界大戦、ローズヴェルト大統領の死などをあげたのではないか。著者のように第二次世界大戦直後生まれの世代には、ジョン・ケネディ大統領の暗殺が決定的な出来事だった。私たちの年代の人間なら誰でも、いつどこでケネディ暗殺のニュースを聞いたか記憶している。この出来事を機に、世の中すべてが変わったといっても過言ではない。一九七〇年代の終わりから八〇年代の初めに大学生に同じ質問をしたところ、最も多い回答はベトナム戦争とウォーターゲート事件で、次いで公民権運動と六〇年代後半に相次いだ、国を代表するリーダーの暗殺をあげた人が多かった。

一九九三年の学生調査において、現代の大学生の回答は六つの出来事に集まった（表2－1）。面接調査では、さらに第七の回答も出てきた。

最も多かったのは、湾岸戦争という回答だった。「私たちにとって初めての戦争」と表現する学生が目立った。

「どの世代も何かの戦争を経験しているけれど、私たちにとって戦争といえば湾岸戦争です」。一九九二年に学生のインタビューを開始した当初は、学生はキャンパスで戦争をテレビで見た経験を語ってくれた。戦争前は、学生ラウンジのテレビはたいていメロドラマにチャンネルが合わせてあり、ある学生によれば、「ニュースがついていることなどありませんでした。そう、いつ見ても『アメリカン・グラディエーターズ』や『オプラ』、あるいはメロドラマをやっていましたよ。ところが、開戦後は誰もが戦争のニュースを見たがりました」。ケーブル・ニュース・ネットワーク（CNN）がどこでも見られるようになると、学生たちは友達の部屋を覗いて「ちょっと戦争でも見ないか？」と声をかけて一緒にテレビを見にいった、と冗談交じりに話してくれた。

徴兵制度が復活するのではないか、あるいはこれが第二のベトナム戦争になるのではないか、という恐れを抱きながらも、一九九三年の調査に答えて学生は湾岸戦争でみんなが一つにまとまった、と述べた。「愛国心が甦った」というのだ。ペルシア湾岸に配備されるため動員された人を知っている、という学生も相当数いた。大学キャンパスで戦争に反対するデモは、戦争を支持するデモに比べてずっと小規模か、あるいは存在しないも同然だった。国旗や黄色いリボンがあちこちで目についた。学生が当初示した反応は、戦争に対する誇りだった。「我々はまだナンバー・ワン」で、アメリカは「やるとなったらやれる」というのだ。リベラル・保守を問わず、学生の態度は概してこのようなものだった。

戦争が終わってから何年か経つうちに、学生の反応は変化をみせた。今の大学生は、湾岸戦争に対してずっと批判的である。

「いまだにゴタゴタが続いている」。

「アメリカはケリをつけられなかった」。

「何も得るところはなかった」。

「またしくじった」。

「本当のことは国民に知らされなかったと思う」。

「状況は悪くなっただけ」。

「あそこに出ていく理由があったとは思えない」。

「あれは単なる政治的なショーだった」。

「政府は腐ってる」。

「ブッシュがヒーローになりたがっていただけ」。

「命をかけた人たちは、戻ってみたら失業者になってしまった」。

「アメリカは、原油の値段を抑えておくために出ていったわけでしょう」。

「経済的な関心のみで引き起こされた戦争ですよ」。

「金持ちがこの国を動かしているんだ」。


このような批判的な見解の他に今日よく耳にするのは、「あの戦争のことはあまりよく覚えていない」というコメントだ。

今では、湾岸戦争を支持したり、経済面以外の要因を指摘する学生はほとんどいない。調査対象の学生の多くが、世界の平和を守る警察官というアメリカの役割を否定した。「何かおかしなことがおこったら、アメリカがそれを正す」という考えも拒絶した。

影響を受けた出来事として二番目に回答が多かったのは、チャレンジャー号爆発事故である。グループ面接で誰か一人がこの出来事をあげると、他の学生は一様にうなずくか、同意の声をあげた。この事故は、もっと上の世代にとってのケネディ暗殺に匹敵する。学生はみんなこの事故をいつどこで知ったか記憶していた。学校のテレビで見たという人が多く、生中継を見なかった人も「テレビのニュースで何度も繰り返して見た」と述べた。チャレンジャー号に搭乗した飛行士のクリスタ・マコーリフの宇宙授業を受けることになっていた、という学生が多かった。多くの学生にとって、これは大人（当時の学校の先生）が泣き崩れるのを目の当たりにした初めての経験でもあった。初めて不慮の死を体験したという学生も多い。

学生がチャレンジャー号の事故をあげたのは、私たちにとって意外だった。実は、用意していた想定回答のリストに、この事故は含めていなかった。私たちの世代は、宇宙開発に伴う死亡事故をすでに見てきたので、チャレンジャー号の爆発は確かにいたましい事故であったにせよ、アメリカにとって決定的な意味をもつとは思えなかった。

私たちは学生になぜチャレンジャー号の事故を選んだか尋ねてみた。世代として共通に体験した悲劇であったという事実にとどまらず、理想主義や安全に対する信頼が打ち砕かれた、と述べる学生が目立った。

「あの事故で私たちは無邪気でいられなくなりました」。

「それまではＮＡＳＡのやることに間違いはないと思っていたんです」。

「あの事故で夢が壊れました」。

「チャレンジャー号は私の希望でした。アジア系、黒人、それに女性が乗り組んでいましたから」。

「アメリカにできないことはないと思ってたんだけど」。

「国家的な屈辱でした」。

「素晴らしいと思っていたのに、爆発しちゃった、という感じです」。

「ＮＡＳＡの権威は地に墜ちた」。

「政府がだめになった証拠でしょう」。

「八〇年代を象徴する出来事だったと思います。派手なジェスチャーを見せられて、だまされていた時代だったんです」。


学生はチャレンジャー号の爆発で、自分たちもアメリカも「目が覚めた」とか、「現実を知らされた」とも述べた。なかには、この事故は政治や産業など、アメリカの「いろいろなことが間違っている」しるしだと受け止めた人もいた。あるいは、経済や科学技術の競争力を失ったアメリカの凋落が強調された事故という見方もあった。ある学生は、この事故が起こるまで「アメリカが世界一の国だと思っていたけれど、実は二流にすぎなかった」と回想した。
学生の回答が次に多かったのは、ソビエトの共産主義体制崩壊である。「プライド」「希望」「ドラマ」「エネルギー」「近くなった世界」などの表現がみられた。「私たちは冷戦に勝った」と表現した学生もいる。共産主義崩壊の象徴としてソビエト瓦解以上に学生の印象に鮮明に残ったのは、ベルリンの壁の取り壊しだった。「ベルリンの壁がなくなることなどないと思っていた」という感想が繰り返し聞かれた。

今の大学生は、冷戦時代を知る最後の世代である。彼らはロシアのことを学校で教わったが、教えられてきたロシアの姿は「いつも敵だった」。フルシチョフが国連の場で靴を手にしてテーブルを叩く姿を目撃したという大学生は今の世の中に存在しないし、キューバ危機を実際に知っている学生もいない。しかし、彼らは「ザ・デイ・アフター」や「ウォー・ゲーム」など、核戦争の危険性を描いた映画を観ている。レーガン大統領がソ連を「悪の帝国」と呼んだことを記憶していた学生も少数ながら存在する。一つの集団としてみると、面接した学生はソ連に対する恐怖心を抱き、核戦争による破滅を恐れていた。それゆえに、共産主義体制の瓦解は、喜ばしい出来事として受け止められたと考えられる。

しかし、ソ連崩壊の結果については、学生は冷静な目で見ている。中央ヨーロッパや東ヨーロッパ地域の不安定、あるいはロシアの危うさが絶えず学生の話題にのぼった。ボスニアなどでベトナム戦争の時と同じように地上戦が激しくなるのではないか、という危惧の念を抱いている学生も多くみられた。旧ソ連の核兵器が管理されず放置されているという危険も、やはり関心事の一つであった。ソビエトの共産主義の終焉によって世界はよくなったのかどうか、振り返ってみても答えはわからないという学生は多い。こうした状況をふまえて、ある学生は次のようにコメントした。「僕らの世代はいつもこういう経験をしてきた。喜びの裏に必ず暗雲がたちこめているんだ」。

学生らはエクソン・ヴァルデズ号の原油流出事故を、まさに大きな暗雲と受け止めた。事故が起きたことに驚きを示した学生はほとんどいない。それどころか、このような事故は小規模ながら毎日起きているはずだと思われている。「チェルノブイリやスリーマイル島の原発事故、あるいはアマゾン川流域の熱帯雨林の破壊に匹敵する出来事」「人間は何世紀にもわたって環境破壊という自殺行為を続けてきた。我々はこの世界を住めない状態にしている」などの意見が出た。何カ月もの間テレビに映し出された原油流出の場面は鮮明に記憶に残っていたが、汚染の範囲と長期的な影響に関心が集中した。プリンス・ウィリアム湾は「二度と元に戻らない」という声が聞かれた。学生は原油流出事故の責任は政府と企業にあるとして、「政府や企業は無関心すぎる」「腐敗している」「政府は嘘ばっかり」「ビジネス界は金儲けしか考えていない」などと述べた。

学生の間には、環境を破壊するような事故が将来数多く発生するという懸念がみられた。実際、核戦争よりも環境汚染に対する恐怖の方が大きいといえる。あるグループ面接では、環境は「自分たちの世代にとってのベトナム」と表現した学生がいたが、グループの学生はみなこの意見に同意した。

もう一つ、多くの学生があげた出来事として、ロドニー・キング事件の裁判と判決後に起きた暴動がある。この件をあげたのは黒人、ヒスパニック系、アジア系など少数派の学生が多かったものの、マイノリティだけではなかった。学生の意見は両極に分かれた。過度の暴力を振るったとされた警官を無罪にした最初の判決にショックを受けたという学生がいた反面、その後の暴動の方に反発を表した学生もいたのである。だが、この件に対する強い否定的感情は共通の反応だった。


「もう警察は信じられない」。

「もう人間が信じられない」。

「どうやって陪審員を買収するか、あの一件を見ていればわかった」。

「何でも政治がらみだ」。

「公民権運動は成果をあげたと思っていたのですが」。

「人種差別は生きている」。

「差別的な呼び方を耳にしなくなったからといって、差別がなくなったわけではないんです」。

「法律を作っても、人の心は変わらなかった」。

「体制にまた一つ打撃が加わった」。

「暴動は絶対許されない」。

「無法状態だ」。

「あの判決には困惑しました」。

「よかったと思いました。ああいうことがないと、みんなに分からないことがあるから」。

「社会が私を他の人と同じようには扱っていない、ということをあの件で改めて思い知りました」。
「警察官は大変な仕事です」。
「キングさんの身に起きたことは、みんなの身に起きたことです」。

グループ面接で学生はもう一つ、自分たちの人生に決定的な影響を与えたという出来事をあげた。それは、エイズの流行である。この回答は、前回の調査では出てこなかった。今の大学生にとって、エイズはセックスが自分自身の問題となって以来常に、避けて通れない現実である。学生からは繰り返し、「私たちの世代はエイズとともに育ってきた」という声が聞かれた。エイズについての講演があったり、パンフレットや映画を見せられたり、お説教を聞かされたり、学校で実際にコンドームの使い方を説明されたことがある、といった学生は大勢いた。「いつもコンドームを投げ与えられてきた感じ」であるとか、「年中コンドームの話ばっかりで、もううんざり」というのがもっともよく聞かれたコメントである。怒りを表す学生もいた。自分たちがおかれた状況をベビー・ブーム世代と比べて、「あの世代はセックスを楽しめたのに、我々の世代はエイズにかかってしまう」という不満をしばしば耳にした。ある学生は、「自由恋愛は高くつく」といった。

だが、ダモクレスの剣〔栄華の最中に身に迫る危険の象徴〕が頭上にぶら下がっていると腹を立てながらも、学生たちは、自分たちはエイズにならないと思っていた。不死身だと感じていた、といってよいだろう。ＨＩＶに感染していると診断された人を知っているという学生はごく少数にとどまった。

学生があげた七つの出来事に特徴的なのは、このなかに圧倒的なあるいは群を抜いた影響力をもった歴史的事件がない、という点だ。一九七〇年代の終わりから八〇年代の大学生の回答が、ベトナム戦争とウォーターゲート事件という二つに集中したのに対して、今日の大学生の回答は分散した。これについて、エマソン大学の自治会長はこう説明した。「私たちの世代は、何か特別の出来事を通してみんなで盛り上がるという経験をしていません。一〇〇日で終わった湾岸戦争ではそういう風にはなれませんでした。ベトナム戦争みたいなものもなかったし……共通のアイデンティティがないんです。私たちを結びつける、あるいは動かすものは、何もありません」。

しかし、学生があげた出来事に共通する特徴を指摘することはできる。いずれも、全面的にではなくても、否定的にとらえられていた、という点だ。チャレンジャー号爆発、ロドニー・キング事件、原油流出事故、それにエイズは、一〇〇パーセント否定的に受け止められていた。湾岸戦争、共産主義の衰亡、ベルリンの壁崩壊の三件も、特に若い学生の間でマイナス要因となっていた。全般的にみて、アメリカが深刻な状態に陥り、手に負えない問題が増え続け解決が遠のいている、と学生は実感している。その状況を彼らは次のように表現した。

「私たちが経験してきたのは、欠陥、問題、衰退、そういったことばかりです。私たちの世代はこういうものと一緒に育ってきました」。

「世界は崩壊寸前だと思います」。

「これにしがみついていれば大丈夫というものは、何もありません」。

「ローマもギリシアも滅びました。アメリカだって滅びる可能性はあります」。

社会と政治を見る目

学生はアメリカの社会制度をほとんど信頼しておらず、状況は悪化しつつあると見ている。一〇人中八人は、企業は利益の追求に懸命になりすぎて社会的責任を果たしておらず、メディアは偏っており、議会は国民の声に真剣に耳を傾ける姿勢に欠け、家庭は崩壊し、ほとんどの人は自分のことしか考えていない、とした。政治家は不誠実で、医者は人助けより金儲けに走り、多くの人は隙があれば他人の弱みにつけこむ、と考える学生も過半数を超えている（表２－２）。

最も強い批判が集まったのは、アメリカの政府と政治のシステムである。学生はこの両方とも信頼していない。伝統的なアメリカ政治の手法は、社会に意味のある変化をもたらすことはできない、とする学生は過半数に達している。それ以上に多くの学生が、政治はアメリカが抱える問題にうまく対処できていないと見ており、その割合は五人中四人に達する（Undergraduate Survey, 1993）。

私たちはボストン大学で約一〇〇人の学生リーダーとの面接を実施した。そこで、政府はアメリカの課題を解決するために主導的な役割を果たせると考える人は、と問いかけたところ、手を上げたのは六人だった。その後行われたやりとりは、全米の大学キャンパスでの調査結果とまったく同じだった。政府と政治は問題を解決できないどころか、それ自体が問題であると認識されている。この意味では、今の大学生は、これまでになく政治や政治家また政府に対して批判的であると言える

表2－2　社会制度に対する大学生の意識（1993）

社会制度に対する意識	「そう思う」(%)
アメリカでは家庭が重んじられなくなっている	83
ほとんどの人は自分のことばかり考えている	82
新聞・TVジャーナリストは偏っている	82
企業は利潤追求を重んじ，社会的責任を果たしていない	81
ほとんどの人は隙あらば他人の弱みにつけこむ	68
医者は人助けより金儲けに関心をもっている	63
政治家は誠実さに欠ける	50
大企業の幹部はもっと高い給料をもらってもよい	31
議会は国民の声に耳を傾けている	21

出所：Undergraduate Survey (1993)

表2－3　学生の政治的態度（1969, 1976, 1993）

	「そう思う」(%)		
政治的態度	1969	1976	1993
アメリカの伝統的政治手法では，意味ある変化を社会にもたらすことはできない	50	44	57
全般的に見て，アメリカの政治システムは問題解決に有効に機能している	—	39	22

出所：Undergraduate Surveys (1969, 1976, 1993)

だろう（表2－3）。

皮肉な楽観主義

皮肉なことに、学生たちは将来をきわめて楽観している。三人に二人（六六％）がアメリカの将来は明るいとみている（Undergraduate Survey, 1993）。これは、若者特有の底抜けの楽天というのではなく、ある種の鋭い切れ味のある楽観主義だ。「事態は好転するより先に悪化するだろう」「私の楽観主義はあくまで実用的なものですから」、また調査に携わった私たちがとりわけ面白い表現だと思った「皮肉な楽観主義者です」などの回答を得た。この傾向は、一九六〇年代、七〇年代とまったく対照的である。一九六九年と七六年に実施された調査では、三分の二にあたる学生（六五％）が、アメリカの将来に「強い懸念」をもっていると答えている（Undergraduate Surveys, 1969, 1976）。

この新しい楽観主義の台頭に伴い、努力次第で世の中は変えられるという風潮が高まりつつある。四人のうち三人が（七三％）、個人の力で社会に変化をもたらすことができる、と回答している。以前の調査では、半数近い学生（四五％）がこのような考え方を否定した（Undergraduate Surveys, 1969, 1976, 1993）。

アメリカの社会制度に対してきわめて否定的でありながら、なぜ将来を楽観したり変化の可能性を信じられるのか、という問いに対して、学生は（熱意の程度に差はあるものの）同じ答えを返した。自分たちはそういう世代だ、というのである。


「私たちの世代は社会への関わりを深めています」。

「若い世代の方が、地球の未来を心配しています」。

「我々の世代は問題を解決できるでしょう」。

「この世代は実行能力がある」。

「私たちは頑張り屋の世代です。きっと何かできるはず」。

「私たちこそが未来……アメリカと社会全体のことを考えています」。

「私たちの世代は革命をおこしますよ」。

「メアリー・ポピンズみたい、と言ったらいいでしょうか。私たちの世代は世の中を変えられると思います。本当に必要なものを見極め、基本に立ち返っています。新しい、若い世代のリーダーシップを発揮できると思います」。


今の学生の政治に対する態度に、従来のレッテルを貼ることはできない。過去二五年間に比べ、よりリベラルであり、同時に保守的といえる面をもっているからだ。五分の二近く（三八％）の学生は、自らをリベラルと称し、二八％が保守であると回答した。一九六九年以来、大学生の政治的志向は二極に分化を続けている。六九年には、中道と回答した学生は四四％いたが、一九七六年には三九％にまで減った。今日、中道と自称する学生の割合は二九％という結果が出ている（Under-

表2－4　社会問題に対する見解（政治的志向別）（1993）

社会問題に対する見解	「そう思う」（%） リベラル	保　守
上院・下院議員の任期制限に賛成	81	88
経済成長を犠牲にしても，より強力な環境保護政策を望む	81	58
強制バス通学を実施してでも，公立学校における人種融合を促進すべきである	56	36
財政赤字解消のために，増税を実施すべきである	47	31
アメリカは社会問題のために予算を使いすぎている	17	49
エイズ対策に国は予算措置をとるべきだ	90	63
犯罪者の権利が法廷で保護されすぎている	62	82
死刑制度は廃止すべきである	28	12
銃の売買と所有を法律で制限すべきである	86	65
女性は中絶するかどうかを決める権利を有する	91	54
マリファナは合法化されるべきだ	42	19

出所：Undergraduate Survey（1993）

graduate Surveys, 1969, 1976, 1993)。

ただし、分極が進んでいるとはいっても、学生はイデオロギーに凝り固まっているわけではない。従来の区分に彼らはあてはまらない。大きな政府には反対している。大部分の学生が議員や市町村長などの任期を制限すべきだと述べている一方で、より厳しい環境保護法を求める学生もほぼ同じ割合で存在し、企業に人種融合を求める学生も半数近くに達している。国の財政に関しては保守的な意見をもっている反面、社会保障予算が削減されるのには反対するし、エイズ対策に政府がもっと積極的な財政措置をとるよう望んでいる。犯罪問題には保守的で、より厳しい刑罰が適用されるべきだと主張する一方、銃規制に非常に熱心に取り組む。妊娠中絶にはリベラルな態度、ドラッグに対しては保守的な態度をとっている（表２－４）。今の学生は、イデオロギーにとらわれず、個々の問題に応じて態度を決めているといってよいだろう。非常に幅の広い社会問題に関心をもち、政治的にも幅の広い対応を示す。個人としてだけではなく、国家がこうした問題にどう対処すべきかについても、同様の傾向がみられる。

実は、イデオロギーの上で対極に位置する学生が、互いに似通った見解をもっている。たとえば、リベラル派・保守派の双方とも、大多数は議員の任期制限、より強力な環境政策、エイズ関連予算増額、銃規制の強化、産む産まないを女性が選ぶ権利を認めることなどに賛成している。社会保障予算の削減、死刑の廃止、マリファナ合法化、増税による国家の赤字削減、などの政策には双方とも反対の意志を示した。保守派とリベラル派の意見が異なるのは、強制バス通学〔まえがきの訳注参照〕の問題ただ一つであった。

選挙においては、彼らの動向がアメリカ全体の投票パターンを反映する。選挙人登録をした学生のうち、三八％が民主党、三五％が共和党として登録した、と回答した。その他の政党に登録した者が一％、残りの二五％は無党派であった。これは、アメリカ全体とまったく変わらない数字である（Vote News Service, 1996）。

学生の投票行動も、アメリカ全体の傾向と一致する。一九九六年の選挙で、アメリカの大学生（一八歳から二四歳まで）の五〇％がクリントンに投票したが、これはアメリカ全体よりわずか一％多いにすぎない。三四％がドールに投票したが、これは全米より七％低い。そして、全米より一％低い九％が独立系のペローに一票を投じた（Vote News Service, 1996）。九二年の大統領選挙では、全米より三％多い四六％がクリントンに投票、ペローには全米より一％多い二〇％、またブッシュには全米より四％少ない三三％が、それぞれ票を投じた。このような現象は、八八年の選挙結果と対照的である。共和党ブッシュと民主党デュカキスが争った八八年の選挙では、大学生の票はアメリカ全体と同様、ブッシュに集中した。

変化への欲求

特定の候補に投票した理由を学生に尋ねてみると、政府に対する不信、またイデオロギーではなく個々の問題に応じて態度を決める傾向の強さはいっそう明らかになった。学生は政治イデオロギーには触れず、共和党であるとかリベラルであるとか自称する者はほとんどいない。面接した大部分の学生が、変化が必要だという趣旨のことを述べた。投票の理由を問われたのに対して、最も頻繁に返ってきた答えは、「私たちの世代は変化を望んでいる」というものだった。

今の大学生は、アメリカのリーダーといわれる人々には拒絶反応を示す。アメリカを代表する著名人二六人のリストを示したところ、学生が最も厳しく批判したのは政治家だった。不人気な順に、テッド・ケネディ〔民主党上院議員、リベラル派として知られる〕（六六％）、リチャード・ニクソン〔第三七代大統領、故人〕（六四％）、パット・ビュキャナン〔共和党保守派の論客〕（五四％）、ロナルド・レーガン（四一％）、ジョージ・ブッシュ（四〇％）、ジェシー・ジャクソン〔牧師で黒人公民権運動の指導者〕（三七％）らが上位を占めている。一九九五年に実施した学生団体のリーダーに対する調査では、この他にニュート・ギングリッチ〔下院議長を務めた共和党政治家〕の名前が挙がった。ギングリッチに対しては、テッド・ケネディを上回る六七％が否定的な見方を示した。だが、興味深いことに、ビル・クリントンに関しては学生は見解を保留している。全体として、学生が拒絶反応を示した人物には、極端なリベラル派から極端な保守派までが含まれている。唯一共通するのは、いずれも職業政治家として名をなした人物だ、という点である。また、学生のイメージのなかで異議を申したてる人としてとらえられてきたジェシー・ジャクソンが、早くも職業政治家とみなされるようになっているのも、面白い現象といえる。

逆に、学生が最も好感をいだいた人物は、組織の人ではないという特徴がある。社会改革の理念をもち、逆境にめげず、本当にそう呼ばれるべきかどうかは別としても人民主義者という評判の人物である。マーガレット・サッチャー（八八％が肯定的に評価）、マジック・ジョンソン〔プロ・バスケットボールの黒人スター選手だったが、ＨＩＶ感染を告白、引退後は啓蒙活動を行っている〕（七八％）、ネルソン・マンデラ（七八％）、ボリス・エリツィン（七八％）、ロス・ペロー（七六％）、リー・アイアコッカ〔クライスラー社の経営を立て直した経営者〕（七六％）らが学生に支持された（Undergraduate Survey, 1993）。学生は、アメリカの政治家は一人も挙げなかった。名前が出たのは、遠く離れているので魅力的に見えるアメリカ以外の国の政治家ばかりだ。イデオロギー的には、これ以上種々雑多な取り合わせはないだろう。ネルソン・マンデラとマーガレット・サッチャーの間に政治的共通項などないのに、大半の学生はこの両者を肯定的に評価している。彼らがポスト・イデオロギー世代であることを如実に物語るものといえよう。

表2－5　1996年の選挙

政治活動・イベント	政治活動があった大学（%）		
	増　加	変わらず	減　少
選挙に対する学生の関心	18	57	25
キャンパスを訪れた選挙候補者	26	42	34
キャンパスでの政治イベント	22	49	29
地方選挙運動への学生参加	23	60	17
選挙人登録促進のための活動	69	24	9
民主党・共和党　青年部の活動	26	46	28

出所：Student Affairs Survey（1997）

この特性は、一九九六年の大統領選挙においても表れた。学生部長に対する調査を行ったところ、全米各地の大学のうち七八％から、学生は選挙にあまり関心をもっていなかったという回答を得た（Student Affairs Survey, 1997）。また、八二％の大学で、九二年の選挙に比べて学生の関心が低下しているとの結果が出ている。政党の大学支部の活動や、選挙人登録推進のキャンペーンにもかかわらず、キャンパスでの政治的なイベントや政治家の訪問などは、九二年に比べて減少した（表２－５）。

大学生はアメリカのリーダーに不信感を抱いている、というのが真相だろう。アメリカのあらゆる社会制度を全く信頼していない。貧困、人種差別、犯罪から、環境汚染、経済問題、外交摩擦にいたる、大きな問題が彼らを取り囲んでいる。彼らに言わせれば、「何もかもがどうかしている」のである。

アメリカの将来には楽観的な見方を示しながらも、一つの世代としては孤立無縁の状況におかれていると彼らは感じている。上の世代の自己中心性の結果生じた社会問題の山を引き受けさせられる、という不満があるからだ。一九八〇年代の大学生と違い、問題から目をそむけるなどという贅沢は許されず、「ヤッピーのように、自分たちのことばかり考えているわけにはいかない」。問題は大きすぎるばかりでなく悪化しつつあり、圧倒されてしまう、と感じている。自分たちの世代が「何もかも直さなくてはならない」と彼らは言い、そんな責任を負わされることに憤っている。「不公平だ。私たちは問題を生みだしたのではなく、引き継いだだけなのだから」。

身近な改革

山積する問題に応急処置を施すことも、普遍的解決を見ることもできない、と学生は考えている。政府をあてにするのではなく、個人的に問題に関わり、身近な問題に関心を集中させる道を彼らは選んだ。目を向けるのは、自分が暮らすコミュニティ、地域、近所など限られた範囲で、しかも実際的な観点から見ている。手に負える、あるいはうまくいく目算のあることをどうにかしよう、という姿勢で臨んでいるのだが、ある学生はそれをこんな風に表現した。「アゼルバイジャンで核兵器の資材が盗まれたと聞いたところで、何もできません。でも、近所の池をきれいにしたり、問題をかかえている子供の勉強をみてあげたり、ホームレスのためのシェルターに関わることならできるんです」。

このような活動をするようになったのは、自分にとってのヒーローに影響を受けたからだと述べる学生は五五％にのぼる。彼らがあげた名前は、有名人ではない場合が多い。大半が父親、母親、

表2－6　学生にとってのヒーロー（1993）

ヒーロー	「自分にとってヒーローである」（%）
両　親	29
宗教的人物（多くの場合イエス・キリスト）	14
親戚，友人，隣人	12
芸 能 人	6
教　師	5
政 治 家	5
スポーツ選手	5
科学者，研究者，学者	2
作　家	2
企業トップ	2
軍事トップ	1
ジャーナリスト	1
牧　師	1
そ の 他	12

出所：Undergraduate Survey（1993）

イエス、親戚、友人、隣人などをあげた（表2－6）。

これは、過去と比較して際だった変化といえる。一九七〇年代末から八〇年代にかけては、自分にとってのヒーローは誰かと尋ねると、一番多い答えは「いない」だった。大差がついての二位は神で、調査を行った季節や地域によって異なった顔ぶれの芸能人とスポーツ選手が続いた（Campus Site Visits, 1979）。

今の時代、大学生にとってのヒーローは再び存在するようになっている、というのが重要な点だ。これは、学生の間に将来に対する楽観的な見方が着実に広がっている傾向と重なる。

学生にとってのヒーロー像が変化したことも見逃せない。彼らのヒーローは、身近な存在だ。三人に二人は個人的に知っている人物をあげた。二位にランクされたのが神からイエスに変わったというのも面白い。神ではなく、個人を救済する救い主を、学生は選択したのである。

伝統的な英雄的ヒーローを、学生は拒否した。そのようなヒーローは「近寄りがたい」「台座の上にのっている感じ」あるいは「欠点がなくて現実感がない」などと受け止められている。「あんな風になれる人間などいない」と感じられるようだ。また、次のようにコメントした学生もいた。「政治家も映画スターも、自分にはピンとこない。政治家と自分を個人的に結びつけて考えることなどできない」。ヒーローより、「指導者」とか「役割モデル」といった言葉の方が、学生には受け入れやすいようだ。イリノイ工科大学の学生は、自分の世代の気持ちをこう代弁した。「尊敬できる人物を、好ましいと感じます。偶像化するというのではありません……自分もそうなりたいと思うんです」。

ヒーローとしてあげた人物をなぜ選んだか、理由を尋ねてみた。代表的な回答を紹介してみよう。

○ 母親をヒーローとした理由

「母は私の役割モデルです。母は児童福祉のソーシャル・ワーカーをしていて、燃え尽きてしまうことなく何年も仕事を続けています」。

「母はいろいろな経験をしているからです。私がこのように成長したのは、母のおかげです」。

「母は必要な時いつでも、そこにいてくれました……価値観を示してくれたのは、母です。私にとってのヒーローは、みんな黒人女性だと言っていいと思います。男性に捨てられても、頑張り続ける女性たちです」。

○父親をヒーローとした理由

「第三世界の貧しい環境で育ったのに、成功を収めたからです」。

「働き者で、辛抱強くて、いいお手本です……つらい時でも笑顔でいられる、競争に生き残れる人です」。

「父のことは、いつも尊敬してきました。素晴らしい人です」。

○イエスをヒーローとした理由

「今ここにいられるのも、毎朝起きあがれるのも、楽しい気持ちになれるのも、三人の娘と自分自身のために生きる意欲をもてるのも、イエスがいるからです」。

「今の私があるのも、将来どう歩んでいくかも、すべてイエスゆえです」。

「イエスは私のすべてです」。

身近なヒーローを選ぶことにとどまらず、学生は身近な問題への関わりを地域社会への奉仕活動へと広げている。学生のほぼ三分の二は、何らかのボランティア活動に従事していることがわかった。二年制大学、四年制大学、総合大学など、あらゆる体制の大学で、またアメリカのあらゆる地域の大学で、学生の大半が何らかのボランティア活動を行っている。学生の年齢、寮生活をしているかどうか、フルタイムかパートタイムの学生かなどによる違いはない。人種や年齢による差はないし、アルバイトの有無も関係ない。過去に例のないほど、ボランティア参加率は高い数字を記録した（表２－７）。一九九〇年代を通して、全大学の四分の三において、ボランティアの増加がみられた（Student Affairs Survey, 1997）。

学生の活動はきわめて多岐にわたるが、これはアメリカ全体のボランティア運動の特徴を反映している。学生が手を染めていないボランティア活動はないといって過言ではない。最も一般的なのは、昔から大学生が多く参加していたボランティアで、福祉のための資金集め（衣類や食料品のバザーを含む）、子供のためのプロジェクト、あるいは宗教団体が主催する活動などである。だが、こうした従来のものにとどまらず、慈善、環境、老人、病院、ホームレスのための活動などにも、大学生はかかわっている。さらに、身体障害者、知的障害者、ホスピス入所者、選挙運動、その他考えられるかぎりのあらゆる分野に、学生ボランティアは広がっている（表２－８）。

若者が何かの目的に身を投じた例として、二四歳のアダム・ワーバックのケースをみてみよう。ブラウン大学を卒業してまもないワーバックは、環境保護運動に従事してきたが、シエラ・クラブ〔アメリカの環境保護団体、本部サンフランシスコ〕の会長に選ばれた。大気汚染がひどいロサンジェルスで高校生活を送った彼は、学生シエラ連合を結成し、大学時代には会員三万人を数える全国組織を作り上げた。会員六〇万人の伝統あるシエラ・クラブの最年少会長を現在務めるワーバックが次に狙っているのは、ジェネレーション・Ｘを取り込むことだ。面白くてためになり、かつ地域の環境に焦点を絞った活動をすれば、この世代は必ず反応してくる、とワーバックはみている（Hornblower, 1997）。

社会奉仕にかかわっている理由を尋ねてみると、学生は社会に貢献するという点を強調し、人の

表2－7　学生のボランティア参加率（1993）

分　類	参加率（%）
大学生全体	64
2 年制大学	59
4 年制大学	67
総合大学	68
フルタイム学生	65
パートタイム学生	59
男子学生	62
女子学生	66
キャンパス外居住学生	58
キャンパス（寮）居住学生	75
白人学生	65
黒人学生	65
ヒスパニック系学生	61
アジア系アメリカ人学生	55
25歳以下の学生	65
26歳以上の学生	63
働いている時間が週20時間以上の学生	61
働いている時間が週20時間未満の学生	68
働いていない学生	64
北東部の学生	61
中西部の学生	65
南部の学生	64
西部の学生	67

出所：Undergraduate Survey（1993）

表2－8　大学生の奉仕活動（1993）

活動目的	参加率（%）
資金集め	27
子供のための活動	24
宗教団体による活動	24
慈善団体	10
環境保護	9
老　人	9
病　院	7
ホームレス（炊き出しなど）	7
身体障害者	6
選挙運動	6
知的障害者	4
そ の 他	20

出所：Undergraduate Survey（1993）

役に立つことで満足感を得られる(八〇%)、あるいは社会問題をただすのは自分たちの責任だ(五四%)などと回答した(Serow, 1991)。エイズ・センターでボランティアをしている女子学生は、次のように語ってくれた。「ただ掃除をしているだけでも、何かをやっているんだ、という実感があるんです。そのおかげで希望がわいてきました。もしかしたら、一人でも世の中を変えることは可能かもしれません。自分がしていることは役に立つんだ、コンドームを配ったり話を聞いてあげているだけで、わずかでも人を助けられるかもしれない、そんな気がします……」。

少人数のグループ面接では、だいたい今のようなコメントが出てきた。だが、みんながみんな、こういう気持ちを表したわけではない。ホームレスのためのボランティアをして、「途方にくれた」「汚くてたまらない」「罪悪感を感じた」などと対照的な感想を語った男子学生もいた。

しかも、社会奉仕はボランティア活動に参加するようになった唯一の理由というわけでもない。多くの学生(五六%)が、当初は自らの意志というのではなく、履修した科目で参加が義務づけられていたり、奉仕活動が会員資格になっているクラブに加入したなど、「ボランティアさせられた」のだと述べた。また、奉仕活動はよい出会いの場である(四九%)とか、何らかの技術を身につければ就職の有利な条件になる(四二%)などのコメントもあった(Serow, 1991)。奉仕活動に加わる学生がなぜこれほど多いのか、という問いに対して、ある学生自治会長は「奉仕は政治的に正しい〔社会的少数派を尊重する態度。4章を参照〕から」と冗談めかして言った。確かに、現時点では調査対象の大学でボランティアは流行っており、政治的に正しい行動といえるだろう。

だからといって、奉仕活動にかかわっている学生の誠実さを疑うのは間違いだ。主要大学の学生担当責任者の四分の三が、学生の参加率が高まっていると回答している（Student Affairs Survey, 1997）。同様の傾向は、大半の学生がかなり長時間働いている通学型の大学でも認められた。この事実に、学生の誠意が顕著に表れている。ある通学型の大学では、大学にボランティア団体がなくボランティア先を紹介する制度もないのに、インタビューした学生の大半が何らかの活動をしていた。自分が住んでいる地域社会、特に教会を通してボランティア先を見つけたという学生が多い。面白半分や流行にのろうとしているのではない。真剣に参加し、汗を流し、時間をやりくりしなくてはできないことだ。

このような傾向を国家の指導者は見逃さない。一九九七年の春、クリントン大統領はフィラデルフィアで会議を開き、ボランティア熱の高まりをさらに広げるための施策を協議した。コリン・パウエル将軍〔ブッシュ政権下で黒人初の統合参謀本部議長として湾岸戦争勝利に貢献した軍人、一九九二年退任〕が議長を務めたこの会議で、企業や個人を動員して、問題を抱えた青少年の勉強をみたり相談相手になるなどの、大規模な活動の立ち上げが検討された。公立・私立・非営利などの諸団体を結集して、二〇〇〇年までに二〇〇万人の青少年を「救う」ことを目的とする、前代未聞の試みである（Alter, 1997; Bennet, 1997）。だが、若い人たちがこのような企てにのってくるかどうかわからない。むしろ、政府や営利団体の欠陥を補う道を自分たちが切り開いたのに、水をさされたと考えるかもしれない。

新しいタイプの政治組織

大学生の政治に対する態度を反映して、これまでになかったタイプの学生組織がここ数年の間に出現した。大学生世代を支持基盤とし、特定の問題意識をもち、先端技術を駆使し、地域密着型だという特徴がある。なかでも活発な活動を行っている組織の一つとして、SEAC（the Student Environmental Action Coalition 学生環境行動連合）の例をみてみよう。頭文字をとって「シーク」と呼ばれるこの組織は、次のようなスローガンを掲げている。「連帯こそ、我々の世代にとって地球を救う唯一の希望である」（Student Environmental Action Coalition, 1993, p. 3）。

一九八八年に、ノース・カロライナ大学の学生たちが雑誌『グリーンピース』に広告を出して、環境問題に取り組むネットワーク作りを呼びかけたのが、SEAC誕生のきっかけとなった。ノース・カロライナ州に本部をおき、カリフォルニア州とワシントンDCにロビー活動のための事務所をもち、全米に一七の地域支部を展開し、二二〇〇を超える高校と大学に支部をおくSEACは、六五カ国が参加する国際的な組織に成長している。これまでに四回の全国大会が開かれているが、そのうち最大規模の集会には七六〇〇人に及ぶ学生活動家が参加したほか、ロバート・レッドフォード、ヘレン・コルディコット（オーストラリア生まれの小児科医、核開発の危険性を説く活動家）、ジェシー・ジャクソンなど「環境問題のスター」と呼ばれるような人々も姿を見せた。さらに、ここ三年間、SEACは「シークトピア」というイベントを催し、全国から参加者を集めている。これは、年一回行われるキャンプで自然のなかに帰ることを目的としているが、組織の指導者を養成する徹底したワークショップを設けている。そこでは、「組織の行動計画と大学」から「実力行使の歴史を語り伝える」にいたる様々なプログラムが用意されている。

ＳＥＡＣは地域的な活動を中心としており、地方支部だけでなく末端の組織にいたるまで、独自の活動計画をたてる。全国本部はこれを支援するためのビデオ、ＣＤ、単行本やデータ表、様々な情報や活動ガイドなどを出している。こうした出版物のほとんどはきわめて実用的なもので、「ＳＥＡＣ組織ガイド」「メディア戦略——一般の関心を集めるキャンペーンの方法」「ニューズレター編集のしかた」「地域組織を立ち上げるまたは復活させる方法」「誰でもわかる環境情報オンライン」などのタイトルが並ぶ。

ＳＥＡＣには、トレーナーと呼ばれるスタッフがいて、地方組織の相談役を務めている。地方組織は、トレーナーの助言をあおいだり、新しいアイディアや計画をみてもらうことができる。ＳＥＡＣによれば、全国を歩いているトレーナーはいわばよろず屋で、「記者会見のしかたを教えてくれたり、集会に誰も来なかったがどうしようという場合にも」助けてくれるという。

ＳＥＡＣは地方組織に情報を提供するのに、インターネットとワールド・ワイド・ウェブを活用していることでも知られる。三一もの電子メール・アドレスをもち、地区の幹部会議や小グループ、また地方支部が、インターネットで簡単に情報交換できるようにしている。ウェブ上のＳＥＡＣホームページでは、種々の議案提出事項や、全国のＳＥＡＣ支部の連絡先、環境問題に関するウェブ、地方と全国組織の詳細なイベント情報が紹介されている。このような電子ネットワークだけで、地方組織同士の情報交換は十分に行えるように整備されているのである。

地方組織を支援するだけでなく、ＳＥＡＣは地方の環境保護活動のリーダーを養成する機能をもつ。毎週末、大学生を対象に定員三〇人のリーダー養成コースを設けている。経験を積んだ学生リーダーが講師役のこのコースでは、会員の勧誘法や、活動戦略のたて方、組織の立ち上げ方、実際の活動の進め方、人種差別・性差別の防止法など、基本的なノウハウが伝授される。

ジェンダーと人種問題は、ＳＥＡＣの大きな関心事である。女性、有色人種、ゲイなどの全国的な幹部会があり、これが新規会員を獲得し幅広い層に活動を広げる上で大きな役割を果たしている。さらに、これでもまだ足りないと言わんばかりに、マグカップ、Ｔシャツ、車に貼るステッカーなど、グッズも販売している。そのうち野球帽なども登場するに違いない。

このようにありとあらゆる活動を行っていながら、ＳＥＡＣは断固として地域密着の姿勢を崩さない。月刊の機関誌の最新号には、地域的な活動を詳細にリポートしたコラムが八本も載っている。抗議活動、ピクニック、見学会、お祭り、ロビー活動、埋め立てによるゴミ処理反対運動、バーベキュー、商品ボイコット運動など、紹介されている活動は実に多岐にわたる。その他のページは、活動家による地域の環境問題に関する記事で埋まっている。多くの記事の終わりには、「あなたにできること」という囲み記事があり、関係組織の連絡先が書いてあったり、政治家への手紙の見本が示されていたり、関連図書が載っていたりする。全体を通して印象に残るのは、共通の問題というより多様性だ。実際、ＳＥＡＣ全国本部が最近力を入れている問題はただ一つ、国際通貨基金と世界銀行が環境に与える影響に対する抗議運動だけであり、その他はすべて、各地域、州、大学組織の裁量に委ねられている。

ＳＥＡＣとはかなり異なるが、草の根タイプでイデオロギーにとらわれないという点で共通の要素をもつ団体に、ロック・ザ・ヴォートがある。これは、副大統領夫人ティッパー・ゴアが性描写が露骨で暴力的な若年層向け音楽に対する反対キャンペーンを行ったのを受けて、一九九〇年に音楽業界が作った組織だ。当初の目的は検閲反対だったが、ほどなく若い世代の関心を政治に向ける活動を始めた。ロック・ザ・ヴォートは非営利団体で、政党との関係をもたず、選挙にあたって特定候補を支援することもない。ヴァージン・レコードのアメリカ支社長でこの組織の幹部の一人であるジェフ・エアオフは、「我々は子供たちの権利を守る、それだけが目的だ」と述べている（Stewart, 1996, p. 11a）。

一九九二年の選挙にあたり、ロック・ザ・ヴォートの活動によって新たに二〇〇万人の若者が選挙人名簿に登録をしたとされる（ただし、一八歳から二四歳の投票率が急落した一九九六年の選挙では、これほどの成果をあげられなかった）。幅広いＰＲ活動やコンサート、また色々な人から推薦の言葉を得たりメディアへの出演などを通して、ロック・ザ・ヴォートはこの世代が数の力で選挙結果に大きな影響を及ぼすことができると訴えた。選挙人名簿登録を呼びかけるために、ジェネシス、Ｕ２、ジョン・メレンキャンプ、ガンズ・アンド・ローゼスなどのコンサートを主催している。アメリカで最も人気のある歌手による一ページ大の意見広告を大都市の新聞に掲載する、という手段もとった。選挙人名簿登録に必要な用紙などは、数千のレコード店と三〇〇〇以上のタコ・ベル店で配布された。フォックス・テレビジョンで選挙人登録のスペシャル番組まで放送した。前出のエアオフは当時、こうコメントしている。「我々の業界が特定の世代の孤立を招いたといわれるが、だとしたら我々が彼らをまた引き戻せるはずだろう」(Gowen, 1993, p. 18)。

一九九二年のキャンペーンでは、ロック・ザ・ヴォートはMTVと協力関係を結んだ。MTVが全米の六〇%を超える家庭で視聴されていることを考えると、これは大変な組み合わせといえる。

ロック・ザ・ヴォートの影響力は、一九九三年の連邦モーター・ヴォーター法（運転免許証の申請・更新時に選挙人登録もできるようにした）の通過で否定しがたいものとなった。一九九三年に最も多く売れたアルバムの一つであるREMの「アウト・オブ・タイム」（一九九一年グラミー賞三部門受賞作品）に「上院議員様」あてのハガキを添付し、この法案に対する支持をワシントンの政治家に伝えよう、というキャンペーンを実施した。この作戦一つだけで、一五万枚ものハガキが議会に送られたという (Holland, 1992)。法案に署名するセレモニーで、クリントン大統領はロック・ザ・ヴォートが法案成立に果たした役割に触れ（大統領は大統領選挙期間中に自ら署名をしたカードを見せた）、ホワイトハウスの庭でロック・ザ・ヴォートのジェフ・エアオフとパトリック・リッパートと並んで写真に収まった (Stewart, 1996)。上院議事運営規則委員会のスタッフの一人は、ロック・ザ・ヴォートについて次のような印象を述べている。「たとえば女性投票者連盟のような影響力のある団体ではないのですが……でも、キャンパスで展開した選挙人登録推進キャンペーンは、実際にうまくいっていましたし、若い人たちに上院議員にハガキを出させたのも、大変効果的でしたね」(Holland, 1992, p. 81)。

ロック・ザ・ヴォートはモーター・ヴォーター法の条項を利用して、選挙人登録を簡単にできるようにした。フリー・ダイヤルで電話による登録を受けつける他、インターネットで登録用紙を提供している。ＭＴＶのキャンペーン・バスは、移動登録受付所を兼ねた。若者や黒人、ラテン系アメリカ人などの登録促進をはかる団体との協力関係も結んでいる。ロック・ザ・ヴォートは、コンサート会場、レコード店、音楽雑誌など、若い人の目に触れるありとあらゆる機会をとらえて、登録用紙を配布している（Youth-Vote Group..., 1996）。「メルローズ・プレイス」や「ＥＲ」など人気テレビドラマの出演者や、ラップ歌手のクーリオ、ロックバンドのフーティ・アンド・ザ・ブローフィッシュなどがこの活動に協力している。ちなみに、このフーティ・アンド・ザ・ブローフィッシュのＭＴＶビデオには公民権運動の立役者の一人ローザ・パークス〔一九五五年アラバマ州モントゴメリ市で黒人によるバス乗車拒否運動が始まるきっかけをつくった黒人女性〕が登場して、「一人の力が世の中を変える」というメッセージを送っている（Rock the Vote, 1996）。こうした試みが実って、一九九三年以降の新規登録者は八五万人を数え、九六年一年だけでも五〇万人にのぼった（Rock the Vote, 1997）。

今の若い世代に関係のある社会問題は何かを明示することによって、ロック・ザ・ヴォートは選挙人登録をした若者に問題意識をもち続けるよう呼びかけている。クリントン政権の元スタッフで、一九九四年以来このロック・ザ・ヴォートを取りしきっているリッキー・サイドマンはこう述べている。「私たちの次の仕事は、有権者の教育です。選挙人登録をするだけでは意味がない、と私たちは訴えています」（Stewart, 1996, p. 11a）。インターネットを通じて、兵役制度、教育、反暴力キャンペーン、環境、経済、社会保険制度などに関する情報を提供しているのは、こうした姿勢の表れである。有権者がこれらの問題について何を考えているのかお見通し、というような態度をとっているのではない。何であれ、若い人たちの関心事を政治家が確実に取り上げるようにする、それがこの団体の目指すところといえよう。

既成政党は、ロック・ザ・ヴォートなどの活動に注目し、その意見に耳を傾けるようになってきた。そして、同じようなテーマに対応できるよう、若者向けのプログラムの見直しを重ねている。たとえば、共和党の大学生組織が最近出した宣伝パンフレットには、こう書かれている。

我らニュー・ジェネレーション
またの名サーティーナーズ
ジェネレーション・X、MTV世代
未来を作る波

このパンフレットは共和党員の多様性を強調し、リベラルから保守的なものにいたる様々な問題を提起し、こう締めくくっている。

さあ、行動しよう
君の未来だ
我々の世代だ
何か新しいことをしよう

民主党のパンフレットは、これほど世代というものを強調していないが、災害救援、兵役制度、社会保険制度、犯罪防止、選挙改革などの限定的な問題に力を入れている。電子メールを活用した他、党のスローガンである「変化のために戦おう」の文字が入ったバッジやTシャツを配布した。民主党のあらゆる文書にこのスローガンが踊り、共和党と同様若い世代を強く意識した運動を展開している。

今の大学生が変化を望み、要求しているとすれば、それはアメリカの政治家と社会制度に対する信頼を失ったからに他ならない。建て直しが必要な社会を引き継がざるを得なくなった彼らは、その重荷が自分たちの肩にかかっていることに怒りをおぼえている。社会の建て直しが困難をきわめることや、あるいは彼らが直面する問題が世界的な規模であることに、圧倒されている。しかし、同時に自分たちの世代が世の中を変えられるという楽観的な見方に望みをつないでいる。一九九〇年代の大学生にとって、身近なヒーローに倣い地域社会のなかで社会奉仕をすることでこの希望は実を結ぶのである。大学キャンパスにおける政治活動も、この希望実現に大きく寄与している。

3章　キャンパスの政治学
――買ってからでは手遅れ――

「今の学生は限界ぎりぎりまで要求を出してきますが、それ以上に押してくることはありません」。

カリフォルニア大学サンタ・バーバラ校学生担当者

近年、高等教育に見られる最大の変化は、学生の構成だろう。一九八〇年から九四年までの間に増加した学生の大半は、非伝統的大学生とでも呼ぶべき層で占められている（U. S. Department of Education, 1996b）。一九九四年には、全大学生の四四％が二五歳以上（U. S. Department of Education, 1996b）、五四％が仕事に就いており（U. S. Department of Education, 1996e）、五五％が女性、四三％がパートタイムの学生であった（U. S. Department of Education, 1996b）。学業に専念し、年齢は一八歳から二二歳、キャンパスで寮生活をしているという伝統的なアメリカの大学生像にあてはまるのは、六人に一人に満たない（U. S. Department of Education, 1996b）。

つまり、今の学生にとって高等教育は、以前の世代のように生活の中心を占めるものではなくなった。日常的な活動の一つにすぎない、という感覚が次第に強まっている。多くの学生にとって大学は、こうした活動のなかで最重要とさえいえない。仕事や家庭が優先されがちである。

消費者的な態度

こうした状況では、従来の学生より年齢が上で仕事をもっている学生、とりわけ子持ちの学生は、伝統的な大学と学生の関係とは違ったものを望む場合が多い。求めているのは、銀行や、電話会社、あるいはスーパーマーケットなどとの関係と同じ種類のものといったらよいだろう。

たとえば、人は銀行に何を期待するか考えてみよう。ＡＴＭ（現金自動預け払い機）があちこちの街角に設置されていたら便利ではないか。ＡＴＭへ行ったら、待たずにすぐ利用したいし、すぐそばに車をとめられたら有り難い。銀行に小切手が届いたらその日のうちか、できれば一日早く入金してもらえないだろうか。それに、手続きに間違いがあっては困る。もっとも、銀行の間違いのおかげでこちらが得をするというなら、話は別だが。逆に、銀行のサービスとして期待しないものをあげることもできる。ソフトボールのリーグをつくるとか、宗教的なカウンセリングをしてくれるとか、医療サービスなどは、銀行にしてもらいたいことではない。こういうものは自分で調達できるし、そのために銀行に余分なお金をとられたくはない。

学生が大学に期待しているのも、だいたい同じようなことである。大学は近くにあって、自分にとって都合のよい時間帯に（できれば二四時間）機能していてほしい。学生は便利さを求めている。駐車場は車をとめやすく、行き先に近いところにあるとよい（教室のなかにとめられれば最高）。

行列はお断り、事務スタッフは丁寧で親切で有能であって欲しい。質の高い教育を望んでいるが、費用は安いにこしたことはない。大部分の学生は、時間とお金という条件から比較検討をして大学を選びたいと考えている。つまり、今の大学生は、一般の企業に対する場合と同様に、消費者としての観点から高等教育を見ている。便利さ、品質、サービス、費用の四点に、彼らの関心は集中している。

大学で面接調査をしてみると、学生の発言はまさしく消費者のコメントである。学生担当者に聞いてみると、学生は「消費者のよう」な振る舞いをする、という答えが何度も返ってきた。「一週間に何度も、学生が私のオフィスに来るんです。自分は年二万五〇〇〇ドルも払っているのに、これこれの不満がある、と言うためにね」。学生の側も、特に恥じ入る様子もなく「これだけのお金を払っているのだから」とか、「あの人たちの給料を払ってるのは私です」あるいは「私は顧客なんですよ」などという言葉を口にする。

ある大学の学生部長はこうコメントした。「訴えるといって私を脅す学生一人につき一ドルずつもらえるといいんですがね」。実際、これは相当な儲け話になる。というのも、調査対象となった大学の四〇%で、一九九〇年代に入って訴訟をおこすと脅された事例が増えているからだ。半数の大学がこの傾向が続いていると回答し、減っているとしたのはわずか九%にすぎない（Student Affairs Survey, 1997）。幸い、実際に裁判がおこされたケースは少ないものの、こうした傾向が大学に与える影響を考えると背筋が寒くなる。大学は急速に企業と同じような考え方をするようになっており、家族というより顧客を扱うような態度で学生に接した方がよいとされている。学生部長たちの代表的なコメントを紹介しよう（Student Affairs Survey, 1997）。

「消費者の苦情処理と、裁判沙汰になりそうな案件の処理が、近頃私の仕事です」。

「私の仕事は教育的というより、行政的また法律的なもので、父親のような役目を果たすこともあります」。

「大学の責任が追及されそうかどうか、というのが第一の関心事で、道徳的な結論ではなく法律的な結論が優先されます。特に、学生の行動や成長に関する問題で、その傾向が強いと思います」。

「弁護士との打ち合わせに割く時間が、一番長い」。

「法的な問題に配慮することが多くなりました」。

「もっと法律の知識をもたなくてはならないと感じています」。

「法律と裁判が一番大きい問題でしょうね」。

「法的な問題、またそれが大学幹部の判断に微妙な影響を与えるのではないか、という点に、私は危惧の念を抱いています」。

キャンパスの学生消費者主義は、新しい現象ではない。一九七〇年代末に行われた学生に対する聞き取り調査で、すでにはっきりと現れていた。高等教育における学生消費者主義の性質がそれ以降変わったわけでもない。高等教育を一つのビジネスとみなし、学生と大学の関係は購買者と販売者の関係と同じであり、そのような関係が機能する企業活動と大学は何ら変わらないという考え方である。大学における購買者と販売者の関係は商業の世界より上品だというのが前提だが、キャンパス内でのこの関係もやはり、「買い手注意」〔買い手は用心せよ、買ってからでは手遅れ、の意〕の原則に基づいている。購買者としての学生は、大学に対して消費者が企業に対するのと同等の権利を保持するという。

このような考え方に対する大学の教職員の怒りが、この一五年ほどの間に薄れたわけではない。大学は、大学自身および学生との関係を、まったく異なった見方でとらえたいと思っている。高等教育機関は真実を見出しそれを広めるという独自の社会的機能をもち、その機能は保護されている。だから大学は、企業とはまったく性質が異なるという意識をもつ。大学という場は、学問に対する責任を分かち合う一つの共同体であり、本質的に利害が一致しない購買者と販売者が対立する市場などではない、と大学は主張する。歴史的にも、社会的責任、非営利、高いモラルなどの価値観を貫いてきたと自負している。それゆえに、一般教員も幹部も、学生の主張を権利意識のなせるわざとみなす傾向がある。

このように以前から続いているものでありながら、今キャンパスで見られる学生消費者主義は、二〇年前とは様相が大きく異なる。最大の変化は、何が学生消費者主義を推進しているか、という点にある。一九七〇年代、アメリカはウォーターゲート事件の後遺症であらゆる社会制度に対する信頼が揺らいでいた。世論調査を行うと、政府、企業、それに大学も含めたアメリカの社会制度は不道徳で正直でない、と回答する人の増加という結果がでた。そのため、様々な社会的制度に対して人々は用心深い態度をとるようになり、それが消費者主義という形で表れたのである（Harris and Associates, 1979）。

初めのうちは、アメリカ全体のムードの変化も消費者主義を後押しした。一九七〇年代に、社会活動熱がさめて自己の利益に対する関心が高まり、アメリカは市民としての責務を声高に叫ぶ進歩的な時代から保守的な時代へと変貌を遂げた。アメリカ人は内向きになり、「自分」に関心を集中していった。これが消費者マインドの広がりに拍車をかけたとみられる（Levine, 1980）。

決定的な影響を与えたのは、ラルフ・ネーダーが一連の著作で消費者主義を肯定的にとらえたことである。ネーダーは企業と政府の不正を糾弾し、消費者の立場は正当なものであるばかりでなく、必要不可欠であることを示した。消費者主義はもはや自己中心性の表れではなく、愛国的な義務といっても過言でなくなった。

一言でいえば、一九七〇年代と八〇年代の消費者主義は、アメリカ人の国家と社会制度に対する見方が変わったことを反映している。高等教育機関ばかりでなく、アメリカのほとんどの社会的機関が、消費者主義のうねりを感じ取っていた。

一九九〇年代の状況は、これとは異なる。高等教育は近年かなりの批判にさらされている。学生スポーツ、学長の行動、政府助成金の使途、学費を操作する協定、研究成果に対する疑念、キャンパスでの暴力事件など、さまざまなスキャンダルがおきた。急激な学費の高騰、教員の負担増、教育内容の質、教育の責任がきちんと果たされているかどうか、それにキャンパスの政治活動などをめぐる問題も指摘されている。その結果、高等教育にみられる現代の学生消費者意識の矛先は、特に大学に向けられるようになった。

この動きに輪をかけているのが、学生人口の質の変化である。仕事についているなどの理由から、学生がキャンパスですごす時間が短くなっている状況下で、学生と大学の間の距離が広がっている。学生にとって、大学というコミュニティの一員であるというより、消費者であるという意識をもつ方が、今は自然なのである。

変わりゆく政治的風潮

変化しているのはキャンパスに学生消費者主義の風を吹かせている要因ばかりではない。大学を覆う政治的な空気も変わりつつある。過去四〇年間、大学の自治・管理に学生が加わるのは当たり前のことと考えられてきた。アメリカの大半の大学で、学生の代表は学生生活委員会（全大学の九五%）、カリキュラム委員会（五七%）、理事会の委員会（五三%）などに参加している。教員審査委員会の一員になっている場合も多く（七九%）、また教員昇任委員会に学生が入っている例さえある（一三%）（Student Affairs Survey, 1997）。学生部長の一〇人に九人までが、一九九〇年代に入って学生が大学自治に果たす役割が増大した（四五%）、あるいは少なくとも同程度を維持している（四六%）と回答している（Student Affairs Survey, 1997）。

しかし、大学自治において学生消費者主義は常にやっかいな問題として存在してきた。例を一つあげてみよう。私たちが調査のため訪れたカリフォルニアのある州立大学で、カリキュラム委員会が開かれた。その席上一人の教員が、大学が「我々の」（教員の）金を使って新しいプログラムを始めようとしているとして、大学当局を批判した。すると、一人の学生が礼儀正しいが断固とした態度で、こう発言した。「失礼ですが、先生方のお金ではありませんよ。我々のお金です」。教員はただ気弱な笑みを浮かべるばかりだった。

だが、学生が大学生活以外に多くの責任や関心事をもつようになっているため、学生が果たす役割が大きくなっているにもかかわらず、大学自治に対する学生の関心は以前に比べ低下している。行政上の決定、教員の選任、卒業要件、授業内容などに関して学生の意志がもっと反映されるべきだと主張する学生は、ごく少数ながら存在し続けている。ところが、寮生活や大学内の規律といった学生が発言権を求めそうな問題に関しては、そのような要求をする学生の割合が減っている。全体的にみて、大学運営に関して議決権や発言権を望む学生の割合は、過去二五年間で最も低い（表3－1）。

同じ傾向の現象として、学生自治会の役員選挙の投票率が下がっていることがあげられる。一九七八年に行われた学生担当者に対する調査では、投票率の平均は二六から三〇％という低い数字が出た。それが、一九九七年の調査ではさらに低下して一一から一五％にまで落ち込んでしまった(Student Affairs Surveys, 1978, 1997)。

ところが、大学が学生生活に口をはさむのはやめて欲しいという学生は、逆に増えているのだ。学生はキャンパスで抗議活動に参加する権利があり、大学は講演会の講師を拒否する権利はない、と主張する学生の割合はあの一九六〇年代よりはるかに高い。また、たとえ自分と反対の意見をも

表3－1　大学運営への参加に関する学生の態度（1969，1976，1993）

運営内容	運営権・議決権を望む学生の割合(%)		
	1969	1976	1993
入学許可	24	26	25
教員採用・昇任	22	29	29
卒業要件	29	25	24
授業内容	42	32	33
寮の規則	77	70	63
学生懲戒	73	64	52
平　均	45	41	38

出所：Undergraduate Surveys（1969, 1976, 1993）

表3－2　大学での政治活動に対する学生の態度（1969，1976，1993）

政治活動の内容	「そう思う」(%)		
	1969	1976	1993
キャンパスでデモは行うべきでない	29	36	18
大学当局は極端な主張の持ち主がキャンパスで講演を行うのを拒否する権利がある	32	24	22
学生は受け入れがたい主張の持ち主がキャンパスで講演するのを妨げる権利がある	－	－	34

出所：Undergraduate Surveys（1969, 1976, 1993）

つ人物であろうとキャンパスに入れることを拒むのは、大学だけでなく学生にも許されない行為だと認識されている（表3－2）。

大学管理への参画には関心がないのに学生の自律を強く主張するこの態度は、一見すると矛盾と感じられる。だが、実際はそうではない。学生たちの態度は、顧客として利用している企業に対して私たちが普通にとる態度と変わらない。私たちは、銀行やスーパーマーケットの経営に関わるつもりはまったくない。企業にはちゃんと仕事をしてもらえれば、それでよいのだ。私たち消費者が求めるものが、トラブルも苦労もなく手に入るようにしてくれさえすれば。つまり、消費者を助けてもらいたいが、邪魔はしないでほしい。今の大学生が大学に求めているのも、同じことだ。

キャンパスの政治力学に変化がみられるのも、こうした傾向と密接に結びついた現象である。伝統的な学生政治団体の存在感は薄れてきた。極右あるいは極左の団体はキャンパスから姿を消したも同然だ（表3－3）。学生のロビー活動団体のなかでも、政府の高等教育政策や助成金に対して発言権を確保しようとする州単位の団体の数が減っている。そして、数が減っているばかりでなく、一九八〇年代から九〇年代にかけて影響力も衰えているのだ。七〇年代に、カリフォルニア州立大学の学生ロビー活動団体が、自分たちが反対した法案は一つとして成立しないと豪語していた。今ではそんなことはありえない。高等教育に対する政府の信頼は薄れ、助成にも熱心でなくなっている。今の状況で、学生ロビー活動は、以前のように成果をあげることはできない。一九七八年には全米の大学の二二％がロビー団体に加盟していたし、この加盟校はさらに増えると予想されていた。だが、今では加盟している大学は一三％にすぎない（表3－3）。

表3－3　大学で活動する政治団体（1969, 1978, 1992, 1997）

政治団体	活動があると回答した大学（%）			
	1969	1978	1992	1997
左翼グループ	9	8	6	3
民主社会学生同盟（SDS）	16	—	—	—
右翼グループ	10	4	7	2
学生ロビー活動団体	—	22	18	13
公益調査グループ（PIRG）	—	11	7	8
ヤング・デモクラッツ	44	30	37	36
カレッジ・リパブリカンズ	43	28	40	40

注：1969年の数字は，1978年の調査から出した．
出所：Student Affairs Surveys（1978, 1992, 1997）

ＰＩＲＧという公益調査団体の威光も薄れてしまった。一九七〇年にラルフ・ネーダーが設立し、七九年にはカーター大統領が認可したこの団体の目的は、大学生を社会問題の調査に参加させ、その上で問題解決のため建設的な活動を行うことにある。立法措置を求める、ロビー活動を行う、メディアに取り上げてもらう、一般市民を教育する、グループを組織するなどの活動が中心である。カーター大統領の在職中、アメリカの大学九校のうち一校にＰＩＲＧの支部が設けられていた。現在はその割合は一二校に一校にすぎない（表３－３）。

ＰＩＲＧ会員が減少した理由を説明するのは、学生ロビー活動の停滞を説明するよりさらに難しい。一つには、学生は基本的に自分たちの世代独自の組織を作りたがる、という現実がある。学生が運営する政治団体あるいは社会活動団体に関して、前の世代のお下がりは受け取らないものだ。昔からの組織は活気を失う。ある活動が始まった時在学していた四学年に加え、この四学年の少なくとも一つと同時期に在学していた三学年の合計七年を、大学生の一世代と考える。ＰＩＲＧは、三世代以上にわたって存続した。これは、特筆に値する長さである。

だが、そのＰＩＲＧも、より新しくより活動の焦点を絞った学生組織に存在を脅かされている。ＰＩＲＧは傘下に下部団体をおさめ、政府、非営利団体、利潤を追求する企業などを対象に調査や改革のための活動を行っている。たとえば、選挙民の権利、借家人の権利、消費者の権利、動物の権利、公民権などが運動の対象としてあげられる。今の学生は個々の問題ごとに態度を決める傾向があるので、包括的な問題提起をするＰＩＲＧは、以前のようには学生を引きつけられない。ＳＥＡＣのように、かつてＰＩＲＧが初めて導入した調査・アピールの手法をとっている団体が、代わって学生の人気を集めている。

近年キャンパスで勢力を拡大している伝統的政治団体は、全国的な党組織だけだ。カレッジ・リパブリカンズ（共和党）とヤング・デモクラッツ（民主党）は、アメリカの大学の五分の二に支部を設けている。これは、一九七〇年代や八〇年代に比べて増加しており、一九六九年のレベルに近づいている（表３－３）。だが、これらの団体の活動は、学生が関心をもつ問題をめぐって展開しているというより、共和党・民主党それぞれの本部主導になっているといえよう。一九九二年と九六年の大統領選挙では、両党とも学生票の獲得を目指し、キャンパスでの運動に相当力を注いだ。しかし、それが大学生の政治活動に大きな影響を与えることはなかった。私たちがキャンパス訪問調査を行ったなかで、民主・共和両党の組織が大学生に影響を与えているという認識を示した学生部長は一人もいなかった。

親睦と政治的主張を目的とする組織

伝統的な大学生の政治組織に代わり、学生間の親睦を図り、また何らかの政治的主張を目的とする、比較的新しい種類の組織が出現している。この種の組織は、すでに一九世紀にはさまざまな形で高等教育機関に存在していた。そもそも学生のなかのキリスト教徒が団結し相互の交流と信仰を深めていたが、共学の大学が誕生すると女子学生が集まり、敵意に満ちた環境から逃れ、改革を目指した。歴史的に見ると、このような組織には社会的な目的を果たしたものと政治的な目的を果たしたものがある。社会的には、自分は少数派であるとか他とは何らかの意味で異なると自覚した者が、同類の学生と出会える場として機能した。そこに行けば同じような価値観や経験をもつ学生とうち解け、またともに時間をすごすことができる、そういう安らぎが保証された場であった。感情面での支え、友人との出会い、それに娯楽が提供される、孤独の解毒剤とでも呼ぶべき役割を担っていたといえよう。実際、この種の組織は良い意味での「ホーム」になりうる可能性をもっていた。政治的には、特定の利益を代表するという機能を果たしてきた。少数派と考えられる学生の組織ということもあり、しばしば政治的な主張を行うという側面が見られる。会員が直面している問題を指摘し、それに関して会員だけでなく大学全体を啓蒙した上で、事態の改善を図る策を考えようというのである。

こうした親睦と政治的主張のグループがもつ社会的・政治的機能の両方とも、今日の状況にぴっ

表3－4　大学で活動する親睦と政治的主張の団体（1969, 1978, 1992, 1997）

団　体	1969	1978	1992	1997
	活動があると回答した大学（％）			
黒　人	46	58	68	55
女　性	27	48	49	51
ラテンアメリカ系またはメキシコ系	13	22	41	43
先住民族	6	13	21	27
ゲ　イ	2	11	35	40
留 学 生	—	—	69	68
障 害 者	—	—	35	32
アジア系	—	—	34	36
多文化主義	—	—	32	31
男　性	—	—	21	14
人種または民族	—	—	—	41

注：1969年の数字は，1978年の調査から出した．
出所：Student Affairs Surveys（1978, 1992, 1997）

たり合っている。学生がキャンパスですごす時間が昔ほど長くなくなっている今、家庭的で心安らげる場所が手近にあるのは魅力的だ。また、政治的主張をするという機能は、学生が消費者としての意識をもつようになったことの当然の結果といえる。だから、親睦と政治的主張のグループがキャンパスで隆盛を誇るのは、何の不思議もない。高等教育機関の三校に二校の割合（六九％）でこの種の組織が存在する。黒人、女性、外国人などの団体も、大半の大学でみられる。三分の一の大学にラテンアメリカ人、ゲイ、アジア系アメリカ人学生の組織があり、五分の一以上の大学に多文化、アメリカ先住民族、身体障害者、それに男子学生のクラブがある（表３－４）。

このような学生間の親睦と政治的主張を目的とするグループのように急速に増加している組織は、他に例がない。一〇校に七校（六九％）で、一九九〇年代にこの種の組織の会員が増加したと報告されている（Student Affairs Survey, 1997）。現代においてこのような組織のルーツをたどると、一九六〇年代の黒人学生組織にさかのぼる。六九年には、半数近い大学（四六％）にアフリカ系アメリカ人学生の団体が組織されていた。一九七〇年代にはいると、関心の焦点はジェンダーに移る。黒人学生団体は微増にとどまった一方、女子学生の団体は二倍近くに増加し、七八年には半数近い大学（四八％）に広がった。一九八〇年代と九〇年代には、人種、民族、性的志向、身体障害などにかかわるグループが続々と誕生した（表3－4）。

この種の学生組織の分布は、大学によりかなり異なる。例えば、調査対象のうち博士課程までもつ大学では、全校に黒人学生の交流グループがあった。これが四年制大学になると四九％、コミュニティ・カレッジでは三九％に数字が下がる。一般に高度の専門課程をもたない大学ほど交流・政治的主張の組織の数が少ない、という傾向がある。入学の難易度が低いと組織の数が少ない、ということも指摘できる（Student Affairs Survey, 1997）。

大学における政治的な空気が変わってきていることをふまえ、今キャンパスで一番力をもっているのはどのグループであるかを、学生団体や自治会役員、それに学生部長らに尋ねてみた。我々の問いかけに対して、一番多く見受けられた反応は、まずおし黙り、眉根にしわをよせ、そしてなぜすんなりと答えられないかを説明する、というものだった。

「この三年間ずっとそれを考えていたんですがね。そんなに力のあるグループは見あたらないんです」。

「組織は新しくできたり、消えたりします。力をもっていると感じる年があったかと思えば、翌年にはもうなくなっていたり。継続性がありません。会員の入れ代わりも激しいようです」。

「キャンパス全体を動かす力など、誰ももっていません」。

「学生のリーダーなんて、いなくなってしまったようです」。

「難しい質問ですね。だって学生団体はそれほど力をもっていませんから」。

「結束力のあるグループは、そうたくさんはありません」。

それでも特に力があると思われる組織をあげるよう求めると、調査対象の学生一〇人中九人までが「学生自治会」と回答した。これは一九七九年の調査結果を五〇％上回る数字である（表3-5）。

同じ質問に対して学生自治会をあげた学生部長の割合は、学生とほとんど変わらず、四年制大学で七八％、二年制大学で五二％にのぼった（Student Affairs Survey, 1997）。これだけ圧倒的な数字からは予想がつかないことだが、自治会選挙の投票率をみれば明らかなように、自治会への学生の関心は低下の一途をたどっている。しかも、調査対象の学生自治会長の半数以上（六四％）が、自治会はキャンパスで影響力をほとんどもたないと述べているのだ。ある自治会長はこういう言い方をした。「任期が終わるのが待ち遠しいです。学生自治会なんてお笑い草もいいところ、我々役員は本当の意味でのリーダーではありません。何を言おうが、何をやろうが、みんなまったく無関心

表3－5　学生がキャンパスで最も有力と考える団体（1979，1993）

団　体	「最有力である」（%）1979	1993
学生自治会	60	93
アフリカ系	37	36
学生新聞	33	46
社交クラブ	26	50
ラテンアメリカ系	11	7
学生寮	11	11
女性	11	4
ユダヤ系	7	—
スポーツ選手	7	—
学生ラジオ局	7	4
マイノリティまたは多文化主義	7	14
ボランティア	—	21
環境保護	—	14
ゲイ，レズビアン	—	14
留学生	—	14
エスニック	—	14

出所：Campus Site Visits（1979, 1993）

ですから」。これほどあからさまな表現ではなくても、多くの学生自治会長が同じようなコメントをした。学生を動かしてさまざまな問題に目を向けさせることができない、あるいは学生とコミュニケーションを図り話を聞いてもらおうと思うがうまくいかない、といった嘆きを調査の過程で繰り返し耳にした。「相手の肩をつかんで揺さぶり、話を聞いて、と叫びたくなることがある」と語る自治会長もいた。キャンパスで最も大きな影響力を発揮しているのは自治会だという回答が多かったのは、自治会のインパクトが大きいというより、力のある団体が存在しない実情の反映だといえよう。

学生の無関心を嘆く声は、大学が

誕生して以来いつの時代にも聞かれた。大学キャンパスの住民は決して定住しない。毎年卒業していき、新しい学生がやってくる。つまり、どういうリーダーがいるか、あるいはどのような問題に学生の関心が集まっているかにより、学生組織は年ごとに盛んになったり衰退したりするということだ。学生ロビー団体やPIRGの場合も同様である。

興味深い現象だが、キャンパスで一番新しい学生組織は何であるかという問いに対して、学生部長たちが共通してあげたものがいくつかあった。専攻分野、フィットネス、宗教、政治、それに芸術に関係するクラブである。逆に最近なくなったクラブをあげてもらったところ、宗教、社会問題、専門分野、政治、フィットネス、ギリシア文字クラブ〔ギリシア文字二、三字の名称をもつ学生の社交クラブ〕などが出てきた。ほとんど重なっていることがよくわかる。特定の傾向というより、学生組織がいかにこわれやすいかを示すものといえよう。

学業に専念しているのではないパートタイム学生の割合が増え、キャンパスを生活の基盤とする学生が減っているなかで、学生のクラブや各種組織はますますキャンパスの周縁へと押しやられている。こうした現実に拍車をかけるのが、クラブ・団体がもつ分裂増殖性である。学生組織は、驚くほど高い率でどんどん分裂し、より小さな団体に分かれていく。調査で訪ねたある大学の例をあげよう。学生ビジネス・クラブがジェンダー、人種、出身地、それに性的志向によって分裂した。その結果、驚くなかれキャンパスに、女性、アフリカ系アメリカ人、韓国系、ゲイ、レズビアンなどが集まった各種ビジネス・クラブが誕生したのである。学生部長に対する調査の結果、全体の八％の大学に一〇以上のアフリカ系アメリカ人および留学生の団体があり、五％に一〇以上のアジア系アメリカ人団体、三％に一〇以上の女性団体があるという回答を得た。実際、三五大学に二〇以上の留学生団体が、三一大学に同じく二〇以上の女性団体があった（Student Affairs Survey, 1997）。このような分裂傾向は学生の関心が局所化していることを示すものだ。その理由については4章で論じたい。

分裂の結果、学生組織の数は増えるが、個々の会員数は必然的に減少する。数が増えているということは、小さな組織がキャンパスで政治的な影響力を発揮しようとして競い合っているからに他ならない。だが、会員が少ないので毎年有能なリーダーを見つけるのは難しいし、リーダーシップの継続性も期待できない。

積極行動主義の復活

今まで述べてきたような状況からは、大学において積極行動主義は下火だと予想されるのも当然である。だが、実際は違う。学生による各種抗議運動は非常に活発に行われている。大学紛争がほぼ最高潮に達した一九六九年、デモに参加した学生は全体の二八％という数字が残っている。七六年にはその割合は一九％にまで落ちた。今日、デモ参加学生の割合は二五％で、六〇年代の積極行動主義のレベルに近づいている（Undergraduate Surveys, 1969, 1976, 1993）。

デモに参加する学生像は、以前に比べてあまり変わっていない。フルタイムで学業に専念し、年齢は一八歳から二二歳、キャンパスに居住し、質の高い大学に在籍、マイノリティ、両親も大学教育を受けている、という学生が、デモに加わる割合が最も高い。注目すべきは、歴史的には男性の方がより多く抗議運動に参加してきたが、今は男女間で差が全くないという点である。しかし、人種間では非常に大きな差がある。アフリカ系アメリカ人学生は、他のグループに比べ平均一・五倍という高い割合でデモに参加している（表3－6）。

学生の積極行動主義の性質も大きく変わってきた。一九六〇年代から七〇年代の初めにかけて大学での抗議運動の的はベトナム戦争と公民権に絞られていた。そのため、六〇年代の運動は目に見

表3－6　デモに参加した学生（1993）

学生の種類	デモ参加者（%）
大学の種類	
2 年 制	22
4 年 制	26
総合大学	29
仕事をもっているかどうか	
フルタイム学生	26
パートタイム学生	22
ジェンダー	
男 性	25
女 性	25
居住状況	
学生寮に居住	29
キャンパス外から通学	23
人 種	
白 人	23
黒 人	41
ラテンアメリカ系	26
アジア系	23
マイノリティ全体	33
年 齢	
25歳以下	26
26歳以上	23
両親の学歴	
大 学 卒	27
大学に行っていない	21

出所：Undergraduate Survey（1993）

表3－7　学生争乱の原因（1969，1978，1992，1997）

争乱の原因	争乱があった大学の割合（%） 1969	1978	1992	1997
ベトナム戦争	68	—	—	—
マイノリティ問題（人種，ジェンダー，性的志向，障害）	35	12	24	39
学生の行動を規制する学則	22	11	4	2
教員・職員の採用	12	18	8	11
予備役将校訓練，徴兵	10	—	—	—
大学の運営に関する事柄	4	17	7	17
大学の設備	3	19	—	2
大学の諸サービス	3	12	2	5
学費関係（授業料，奨学金，予算削減）	2	20	27	29
セクシュアル・ハラスメント	—	—	5	5
環　境	—	—	1	1

注：1969年の数字は，1978年の調査から出した．
出所：Student Affairs Surveys（1978, 1992, 1997）

えやすく、アメリカ全体の問題に関わっていたといえる。対照的に、今の大学生の積極行動主義は主として特定の問題に限られている。これは、一九七〇年代の終わりから続いている傾向だ。この影響を受け、取り上げられるのは概してキャンパス内に限られた問題で、結果的に運動の姿がほとんど見えない状態になっている（表3－7）。

私たちが訪問した大学の九三％で過去二年の間に学生争乱があったという、実に驚くべき数字がでた。争点となったのは、消費者としての意識に基づくと定義できる二つの問題で、一つは多文化主義（四八％の大学）、もう一つは諸費用値上げ（三七％）である。多文化主義は他の争点の影を薄くするほど大きな問題で、これにジェンダー、性的志向、言論の自由、公民権などがからむと、さらなる論争が引き起こされる（表

表3－8　大学生の抗議運動（1993）

抗議の対象	抗議運動があった大学（%）
多文化主義	48
ロドニー・キング事件最初の判決	41
学　費	37
ジェンダーに関する問題	37
ゲイ，レズビアンに関する問題	15
言論の自由	15
湾岸戦争	7
学生の行動を規制する学則	7
学則の変更	7
教員・職員の解雇	7
大学へのアクセス	7
学生クラブの規約	4
動物保護	4
キャンパスでの講演	4

出所：Campus Site Visits（1993）

3－8）。一般的には、抗議活動の原動力はキャンパスで生まれたものであり、外からの刺激を受けているわけではない。だからこそ、環境保護に対する学生の関心が高いのに、環境破壊に抗議するデモがあまりみられないという現象が起きるものと考えられる。テキサス州の南メソディスト大学の学生部長は「学生は自分たち自身やキャンパスでの生活に関係する問題に関してのみ、活発に動いているようだ」と述べたが、私たちが訪問調査を行ったほとんどの学生部長の見解がこの言葉に集約されている。

唯一の例外は、2章で触れたロドニー・キング裁判の判決及びそれに続いて発生したロサンジェルスの暴動である。この事件後に何らかの抗議活動が行われた大学は、調査対象の五校に二校以上にのぼった。ほとんどの場合、実施されたのは平和的な抗議活動（行進、徹夜の座りこみ、住民集会、公開討論会、その他の集会）であったが、器物損壊を伴うものが少なくとも一件はあった。全般的にみて、この事件に関わる抗議活動は長く続かなかったが、ウェルズリー大学とカールトン大学では長期にわたり大学での人種問題をめぐり活動が続いた。

訪問調査をしてわかったのは、直接抗議活動を引き起こす要因のいくつかが、過去には存在しなかったのに新しく生まれたか、もしくは近年とみに重要性を増した、ということだ。一番大きく変わったのは、ジェンダーにかかわる問題だろう。ニューヨーク州のセント・ジョンズ大学とオレゴン州のコンコーディア大学では、レイプとその他の性的暴力が争点だった。ローズヴェルト大学とオウグルソープ大学の学生は、セクシュアル・ハラスメントを問題として取り上げていた。中絶の権利と避妊を中心に活動していたのは、ワシントンDCのカトリック大学とアイオワ州のドレイク大学の学生だ。デトロイトのウェイン州立大学では、男子社交クラブの女性に対する見方が侮辱的だという問題提起がなされていた。全体で、三七％の大学でジェンダーにかかわる問題を争点に、抗議活動が行われていた。

もう一つ、キャンパスで盛んに論じられている問題として、ゲイとレズビアンの権利がある。たとえば、ミネソタ大学では、ゲイとレズビアンの学生が理事会の会合に突入し、理事の席に自らを手錠でつないだ上で、同性愛に関する大学の規則に抗議した。ポートランド・コミュニティ・カレッジでは、学生の投票によりゲイの権利が守られる方向に動いた。ウェルズリー大学では学生寮のカウンセラーとしてレズビアンの女性が採用されたが、これも抗議活動の成果である。オウグルソープ大学では「ホモ野郎」という語が使われたことに対して抗議デモがおこった。調査対象の一

表3－9　学生の抗議運動の戦術（1969，1978，1992，1997）

戦　術	抗議運動があった大学（%） 1969	1978	1992	1997
デモ行進	39	13	33	34
要 望 書	24	20	33	37
実力行使を警告	20	3	15	22
建物占拠	15	—	6	3
ストライキ	14	1	2	—
器物損壊	12	1	4	5
提　訴	4	6	10	15
その他（ロビー活動，公聴会の開催を要求，学習会の実施）	4	27	12	10
マスコミなどに情報提供	—	—	27	46
学費不払い	—	—	<1	5
授業妨害	—	—	12	17
電子メールの利用	—	—	—	16

注：1969年の数字は，1978年の調査から出した．
出所：Student Affairs Surveys（1978，1992，1997）

五％から、近年性的志向をめぐり抗議活動があったという回答が寄せられた。

言論の自由もまた、議論沸騰の問題である。ドレイク大学の学生は、保守派の活動家ピーター・シュラフリーがキャンパスを訪れることに抗議した。テキサス大学アーリントン校ではジョニー・レブ〔南北戦争当時の南軍の兵士〕のマスコット人形が、またモリス・ブラウン大学では南軍の旗が、抗議の的となった。エマソン大学では、ある学生が仮装パーティに顔を黒く塗って出席したことに対する抗議デモがおこった。コンコーディア大学とカトリック大学では、キャンパスで発行される新聞にコンドームが添付された問題で、大騒ぎになった。

抗議活動が取り上げる問題の内容だけでなく、戦術にも変化がみられる（表3

－9）。

一九六〇年代とは大きく異なり、建物乗っ取り、器物損壊、それにストライキといった破壊的な活動は（七〇年代に比べると微増しているとはいえ）影をひそめた。過去のデータはないが、教室内での破壊的活動は今では本当にまれにしかおこらない。デモ行進は七〇年代に比べて一五〇％増で、六〇年代と同じ程度に達している。請願、訴訟、それに実力行使にでるという脅しの件数は、六〇年代をしのぐ。最も著しい増加がみられるのは、問題を公にするという手法、つまりマスコミなどを通じて暴露する、というやり方だ。これは九〇年代に特徴的な手法で、最も多用されている。過去の調査ではこのようなやり方はみられなかった。実際、請願、訴訟、デモ、それに暴露という手法を組み合わせて使うのは、消費者運動で最も一般的な手法を学生運動に取り入れたものに他ならない。また、電子メールの集中砲火を浴びせるというのも、九〇年代に初めて登場した作戦である。

学生部長らによると、どのような手段で抗議活動を行う場合も、学生は過去に比べ礼儀正しいが、粘り強く主張を続けるという意味ではひけをとらないという。コロラド大学の学生副部長が次のような事例を語ってくれた。学生が電話でデモの日時を知らせてきた上で、自分たちの計画が規則に触れないかどうか、助言を求めてきたというのである。これは決して特殊な事例ではなく、同じようなケースが多くの大学でみられる。カリフォルニア大学サンタ・バーバラ校（ＵＣＳＢ）の学生部長の言葉を借りれば、今の大学生のスローガンは「不意討ちはなし」ということのようだ。

ＵＣＳＢで行われたデモがそのよい例である。学生はラテンアメリカ系に関わるさまざまな問題に関して抗議を行っており、その内容は、メキシコ系教員が採用されなかったことや、学費値上げが続いてヒスパニック系学生の入学が難しくなっていることなど、多岐にわたっていた。エル・コングレッソ・ラティーノという連合組織が、女子学生団体、法学専攻生の組織などキャンパスにある約二〇の団体を統括し、デモを主催した。デモ自体は学生だけでなく、地域社会の住民に対しても自分たちの主張を訴えることを目的として計画された。活動の一部として、ラテンアメリカの文化をアピールするための詩の朗読会、作品展、セミナー、それにレセプションなどの企画もあった。さらに、学生は午前九時から午後五時まで、一つの校舎を活動のために占領したが、これは大学の保安当局と学生部と調整の上の行動である。記者会見も開かれた。学生はトランシーバーを駆使し、腕章をつけてスタッフの見分けがつくようにし、その上必要があればすぐに対応できるように医療関係者まで待機させて、自分たちの抗議活動を整然としきっていた。約一八〇〇人から二〇〇〇人の学生がこの活動に加わった。UCSB学生部関係者によれば、「学生たちは限界ぎりぎりの行動はしても、危険な一線を越えることはなかった」のである。

主催した学生たちは、この問題に関心を寄せる学生がこんなに多くいるのだ、ということが大学側にきちんと理解されるよう念押しをした。そして、UCSBが独自に解決を図らないなら、問題を公の場に出す準備があることを伝えた。同時に、活動に参加した学生が充実感を味わい、また次も参加してくれるように気を配った。UCSBの事例は、一九九〇年代の大学における直接抗議運動の典型といえよう。提起された問題は限定的で、運動の手法は消費者運動の手法とまったく同じである。

現在大学キャンパスに広がっている学生消費者主義は政治活動に影響を与えているが、これは単なる気分や空気のようなものとは違う。学生の権利と大学当局の権利の対立を念頭においた、一つの政治的哲学といってよい。この哲学は、「買い手注意」の原則に支配された大学という市場に成立する、買い手と売り手の関係を基盤とする。活発であると同時に反動的な面ももち、選択の自由・安全・情報を確保する権利と、誤りの是正を求めるという性質がある。

だが、今の大学生は伝統的な大学自治には興味がなく、キャンパスに有力な学生組織が存在しないのが実状だ。それに代わってどこの大学でも親睦と政治的主張のグループが続々と誕生している。これらのグループは、個人や大学内の小グループの主張を展開するものの、学生全体は視野に入れていない。積極行動主義は盛り返してきているが、力づくで全面的に対決姿勢を押しだした六〇年代の手法に代わり、より現代的な(しかも合法的な)消費者運動の手法がとられるようになった。大きな争点は多文化主義と学費値上げである。このうち多文化主義について、次の章で論じることにしよう。

4章　多文化主義

――分裂するキャンパス――

「過剰反応だと人には言われます。六〇年代に比べたらずっとよくなっているんだから、と。でも、道を歩いていて、向こうから来る人が私を避けようとして、歩道の端ぎりぎりをやってくるのを経験したことが何度もあります」。

黒人学生

「多文化主義のおかげで私にとってよいことがあるとは思いません」。

白人学生

一九九〇年代になってから、多文化主義や多様性、あるいは政治的公正〔社会的少数派の権利や感情を尊重し、彼らを傷つける言動を排除しようとすること。略称ＰＣ〕に関する新聞のトップ記事、雑誌の特集、爆発的ベストセラー本、娯楽映画、インターネット上での告発などが氾濫している。そういう時代なのに、今の大学生が五人に三人以上の割合で次の事項に関して「はい」と回答したのは、やや意外な現象だ。

●異人種の友人が、少なくとも一人はいる（六九％）
●キャンパスで、一般に受け入れられにくい、あるいは反発を招くような意見を述べることに抵抗がない（六五％）
●人種の異なる相手とのデートに抵抗がない（六四％）
●キャンパスが一つの共同体だという意識をもっている（六二％）
●同じ人種の学生の方がつき合いやすいとは思わない（六〇％）

このような調査結果を見れば、メディアが状況を正しく把握していない、と考えるのが妥当だろう。ところが、学生部長の見解は違う。四年制大学の学生部長の半数以上が、次のようにみている。

●キャンパスには、政治的公正に気をつかっている、という雰囲気がある（六〇％）
●キャンパスの共同体意識は薄れてきている（五七％）
●人種・民族が異なる学生同士は、あまり交流しない（五六％）
●セクシュアル・ハラスメントが増えている（五五％）
●学生は、一般に受け入れられにくい、あるいは反発を招くような意見を表明することに抵抗がある（五四％）

多様性の問題をめぐりキャンパスに緊張が感じられるとした学生部長は五人に二人以上（四

一%）にのぼり、学生の被害者意識の高まりを指摘する回答も三四%から寄せられた。実際、五校に三校（六二%）でこの問題が学生間の摩擦がおきる一番の原因になっている（Student Affairs Survey, 1997）。

触れたくない話題

一体、キャンパスで何が起きているのだろう。今、多文化主義は大学で一番難しい話題だ。学生はこの話題に触れたがらない。グループ面接を行うと、性生活は詳細に語ってくれるのに、キャンパスでの人種関係については口が重い。小グループの面接で、大学での人種関係はどうかと尋ねると、たいていの場合学生は黙りこんでしまう。二分間誰も何も発言せず、沈黙に耐えきれなくなった調査担当者の方がしゃべってしまったこともあった。以前は大学生が使うののしり言葉といえばいわゆる「四文字言葉」（four-letter word）だった。今では「人種差別主義者」「性差別主義者」など アルファベット六文字か、「同性愛嫌悪主義者」のようにもっと長い呼称が最悪とされる。このように状況は加熱しているにもかかわらず、学生は多文化主義、とりわけ人種問題について他人と話したがらない。小グループの面接で人種関係について話すよう促されると、学生はたいていの場合うまくいっていると答えるのだが、質問を繰り返すうちにその場の緊張が明らかに高まっていった。身振りや顔の表情が変わり、笑みは消えた。グループ内に黒人学生がいて、その人が「うまくいっている」という結論に異議を唱えなければ、この話題にはそれでけりがついてしまう。が、異議を唱えると、まわりくどい、そして多くの場合怒りに満ちた会話が始まり、しかもその間に何度も長い沈黙が訪れる。この話題になると、学生たちは互いに視線を交わそうとせず、机に目を落としたままになりがちだった。

ところが、個別に話をしてみると、様子はかなり変わってくる。黙りこくる学生はほとんどいない。大学での人種関係は「良好」「よくなってきている」「まあまあ」「とてもよい」という学生もいたが、非常に多くの学生は「よくない」「恐ろしい」「悲しい」「頭にくる」「戦っている」「孤立した」「分裂した」「挫折した」「熱くなっている」「爆発しそう」「混乱している」「めちゃめちゃ」「絶望的」などの言葉を使って表現した。二年制よりは四年制大学の学生の方がこの問題に対する関心が深く、かつ悲観的だった。また、学生寮がある居住型大学の学生と通学型大学の学生とでは、居住型大学の学生の関心が高いことが認められた。つまり、多様なグループ同士が接触する機会の多い大学で、人種関係が深刻な問題になっているということだ。

個別に話を聞くと、有色人種の学生と白人学生の態度にも大きな違いが見られた。有色人種の学生は一様に、キャンパスで居心地の悪さを訴えた。彼らは「家族の一員という感じではなく、パーティでの招かれざる客、という気分」と表現したが、特にアフリカ系アメリカ人学生がこのような感覚を強くもっている。

有色人種の学生は、白人学生に少数派問題について教える役割を年中期待される、という点に不満をもっている。ある大学三年生はこう述べた。「授業でいつも、アフリカ系アメリカ人はこれこれについてどう考えるか、と尋ねられるの」。この学生はさらに続けて、自分はアフリカ系アメリカ人全体の代表ではなく、とても小さな箱に押し込められた一人の人間にすぎない、ともいった。他の学生からも、白人を教育するために大学にきたのではない、という声が聞かれた。それは自分たちがなすべき仕事ではない、高い学費を払って、長い時間をさいて、自分が教育を受けるために大学にきているのだから、というのが彼らの主張である。

有色人種の学生は、固定したイメージを押しつけられることに反発している。ある女子学生は、ゲットーでの生活はどんなものかと何回か尋ねられた経験がある、と苦笑を浮かべながら話してくれた。この学生は、アメリカでも最も裕福な郊外住宅地として知られるスカーズデイル〔ニューヨーク市北のベッドタウン、最高級住宅地として知られる〕の出身である（彼女は、スカーズデイルもある意味でゲットーみたいなところかもしれないけれど、大学の同級生たちが想像しているようなタイプのゲットーではない、とつけ加えた）。黒人大学で学んでいる女子留学生も似たような経験をしていて、彼女の場合は仲間から掘っ立て小屋での暮らしはどうかと聞かれるという。実際には、そんな質問をするアメリカ人学生の大半が育った家より、この学生の家の方が現代的な造りなのだそうだ。

また別の地域の大学では、アフリカ系アメリカ人学生が、アフロ・ヘアを間近で見るのは初めてだというクラスメートに、髪の毛に触ってみてもいいかと尋ねられた例があった。誰も映画や買い物に誘ってくれない、つき合いがあるのは微積分の宿題を手伝ってと頼まれるときだけ、というベトナム人学生もいる。ニューヨークのサウス・ブロンクス地区〔第二次世界大戦後スラム化したが、一九八〇年代以降新しい住宅建設や企業誘致が進んだ〕出身の学生は、「どうして髪にさしたくしが落っこちてこないの」「本当に路上で人が撃たれるの」などという質問をされるなんて信じられない、とため息をついた。有色人種の学生から最も多く耳にしたのは、白人学生にいつも名前を取り違えられる、という不満である。まるで似ていない同士の名前を混同しているところをみると、白人は有色人種の学生を個人としてではなく人種として識別しているのではないか、という不信感が生まれているのだ。

人種と多文化主義の問題に対する白人学生の態度は一様でなく、一方の極から対極へと一八〇度の振幅で揺れている。コロラド大学の学生新聞の記者が、私たちが白人学生に対する面接調査で感じたことを、次のように明快に表現してくれた。「白人の側には、公民権運動をちゃんとやったのになぜいつまでもその話題をもちだすのか、という拒絶反応があります。しかし、その一方で、非常に大きな罪悪感も感じているんです。映画『ダンス・ウィズ・ウルブズ』のケヴィン・コスナーのようにね」。

このように一方の極に拒絶感があり、対極に責務を果たそうという気持ちがあるのだが、学生は両極の間の実にさまざまな心情を表現した。そのなかでも、混乱と不安がもっとも一般的な感情である。大学での異文化間の関係をどうみているにしても、どうしていいのかわからないというのが大方の反応である。

「うちの大学の学生新聞スタッフに、アフリカ系アメリカ人学生がいて、先住民族（アメリカ・インディアン）の特集を担当しています。彼は、編集室でしょっちゅうユダヤ人やラテンアメリカ系の悪口を言ってるんですよ。でも、黒人だから、人種差別主義者だといわれないですむんです。そんなのって、ありですか？」

「人種は、合理性のある問題でしょうか？」

「黒人が提起する問題を全部理解しないという理由で、私は嫌われてしまうのではないかと思うことがあります」。

「この問題にどう対処したらよいのかわかりません。残念ながら、白人を嫌う黒人はいると思います。過去の過ちをぜひ謝罪したい気持ちが、私にはあります。どう考えても間違っているのですから」。

「みんなが鏡をのぞきこんで、自分だけの見方で世の中を見ている。キャンパスでおこる問題の大半は、それが原因だと思います。学生新聞のスタッフに、一七歳の黒人女子学生がいます。裕福な家庭で育った人です。彼女はありとあらゆる黒人問題をとりあげ、何でも人種という観点から考えてしまうんです。ヨーロッパ人はみんな同じだと思っているようですが、本当は違います。私の祖先はポーランド出身で、黒人のアメリカ人を奴隷にしたことなどありませんし……この問題は、どうしたらいいか本当にわかりません」。

「キャンパスに人種間の緊張があるのは、色々な作り話や誤解が原因です……サウスイースタン・ミシガン大学は、人種問題に取りつかれています。正しいのはいつも白人で、自分にとって何がよいことなのか判断できるのは自分だけ。こんな状況にはうんざりです」。

「私には本当にわからない問題です」。

表4－1　特定の集団に対する嫌がらせ行為（2年制大学と4年制大学）（1997）

	発生件数に変化があった大学（%）								
	「増えた」			「変わらない」			「減った」		
嫌がらせの理由	2年制	4年制	全　体	2年制	4年制	全　体	2年制	4年制	全　体
人　種	11	32	24	63	41	58	18	17	18
ジェンダー	23	40	31	53	47	49	23	16	19

出所：Student Affairs Survey（1997）

多様性と差異にかかわる緊張は、大学生活のあらゆる面にみられる。あからさまな行為——中傷、落書き、暴力——はまれながら、ほとんどの大学で周期的におきている。一九九〇年代を通して、調査対象の大学の二四%で人種間の憎悪が原因で衝突がおきており、三一%でジェンダーに関する摩擦が増加したことがわかった。二年制大学より四年制大学で増加が著しい（表4－1）。

問題なのは、さまざまな嫌がらせ行為の対象が、驚くほど広範囲にわたっている点だ。人種、ジェンダー、宗教、性的志向、国籍、障害など、ありとあらゆる要素がターゲットになる。特に悪質な中傷や落書きの被害を受けるのは、女性とゲイの男性である。ある学生はこう述べた。「政治的公正（ＰＣ）の理念を振りかざしてゲイ叩きを非難するのは偽善です。ゲイ叩きは容認されていますから。リベラルな友人でさえ、『自分の子供がゲイの先生に教わるのはいやだ』というんですよ」。

新手の嫌がらせとして、インターネットや大学内のコンピュータ・システムを通じて憎しみのメッセージを送りつける、という手段が出現した。最近の調査によれば、学生に対するしつこい嫌がらせや脅迫に電子メールを使う例が増えていて、しかもこの種の嫌がらせ行為は起訴にもちこむのが難しいという。カリフォルニア大学アーヴィン校の例で、元学生が五八人もの学生を電子メールを使って脅迫し、そのうち一〇人から告訴された事件があった。

嫌がらせはキャンパスでの学生の衝突を引き起こす可能性があるし、事実そのようなケースがみられる。しかし、それが原因で身の回りに存在する人種間の緊張が高まるということはない。むしろ影響が大きいのは、キャンパスで日ごとに繰り返される日常生活に存在する摩擦であろう。多様性と差異をめぐる摩擦の種は、ありとあらゆる教室に潜んでいる。学生が教室の雰囲気を説明すると、私たちが行ったグループ面談と同じ印象を受けることがしばしばあった。たとえば、ウェイン州立大学に在学するアフリカ系アメリカ人学生は、授業中に多様性を話題にすることはできないとして、次のように述べた。「教室では、民族にかかわることは発言できません。絶対に、しゃべられません」。南メソディスト大学の白人学生は、まったく同じ見解を、まったく反対の角度から表明した。「アフリカ系アメリカ人学生は頑固に自説を曲げないので、白人学生は授業中発言しないんです」。ウェルズリー大学では、黒人教授たちが反ユダヤ的だと学生が批判していた。ディストリクト・オブ・コロンビア大学では、黒人学生がユダヤ人の人種差別的態度を非難するのを耳にした。コロラド大学のあるラテンアメリカ系の学生は、リラックスできるのは民族研究の授業だけだといった。しかし、同じ大学の同じ授業に関して、どんなに頑張っても自分は融けこめないと訴える白人学生もいる。

同様の摩擦は、学生寮にも存在する。ドレイク大学では、ステレオの音量を下げてもらいたいと頼んだことから、人種問題に関する言い争いが起きたケースがあった。カトリック大学の学寮集会では、キャンパス内の安全対策の話し合いが地元の黒人居住地区に対する攻撃に変わってしまったという。寮生活では学生の接触が密であるだけに、人種問題は繰り返し、日常的に、摩擦を生んでしまう。

キャンパス内に貼られたポスターが緊張を高める場合もある。カリフォルニア大学サンタ・バーバラ校では、男子学生の社交クラブが貼りだしたポスターに女子学生からクレームがついた。そのポスターには正装した男性と露出の多いドレスを着た女性が描かれ、「いいおっぱいがいっぱい」というコピーが添えられていた。オウグルソープ大学では、アフリカ系アメリカ人を揶揄する漫画と黒人英語の特徴を真似たキャッチフレーズが書かれた自治会選挙用ポスターの例がある。気に入らないポスターを破いたり落書きで汚したりする例は、どこの大学でも後をたたない。なかには相当悪質なものもある。女性の活動用掲示板にいっぱいに貼られた集会案内やメッセージの上から、何者かが大きく黒々と「女なんてくそくらえ」と書きなぐったケースなどがそうだ。マンハッタン大学で企画された女性週間のために学生たちは布で見事なのぼりを作ったが、それが切り刻まれ、ペンキで汚されるという事件もあった。

キャンパスで行われるイベントが学生間の溝を深めることも多い。かくし芸大会をやれば、東はボストンのエマソン大学から西はカリフォルニア大学サンタ・バーバラ校に至るまで、どこの大学でもメーキャップを施し黒人に扮した学生が登場する。イリノイ工科大学でハロウィーンの仮装パーティにジェマイマおばさん〔アメリカのシリアル会社製のパンケーキミックスの商標。パッケージにシンボルとして黒人女性の顔が印刷されていた〕に扮したケース、ジョージア工科大学で男子社交クラブの会員がオールド・サウス・デー〔南北戦争前の古き良き南部を記念する、という趣旨の日〕に南軍兵士のいでたちで現れた例などは、論議を呼んだ。大学で行われる各種講演が人種問題を鋭く提起することもある。セント・ジョンズ大学の学生は、ラップ歌手が「白人を殺せ」といったところ、聞いていた学生の間から拍手がおこったのでショックを受けた、という。またいくつかの大学では、有色人種の学生の間から、マイノリティに批判的な新保守派〔大きな政府に反対し実業界の利益を支持する立場から社会改革を訴える〕の論客に対する怒りの声が聞かれた。

教員の採用もキャンパスの緊張を高める要因の一つである。ポートランド・コミュニティ・カレッジでは、白人男性の候補を退けてベトナム人男性を採用したところ、訴訟に発展した上キャンパスも大騒ぎになった。カリフォルニア大学サンタ・バーバラ校では、逆のことがおこった。ヒスパニック系教員に代えて白人を採用したら、これに反対するデモがおきたのである。

大学が学生に課す試験が原因で多様性の問題をめぐる論議が始まることもある。ウェイン州立大学で、ある黒人女子学生が国語実力テストを数回受けても合格できないということがあった。すると、これは黒人学生に対する文化的偏見が存在するためだ、という糾弾の声が上がった。実際には、歴史的に有色人種の合格率は高いのだが。

日常生活で差異の問題が生じる場合も少なくない。カトリック大学では、キャンパスの保安係員が黒人学生を呼び止めて身分証の提示を求めることが不当に多い、と指摘された。同大学では、学生自治会役員が、大学図書館を訪れた黒人学生の父兄に対し、場違いにみえるという理由で退去を求め、騒ぎになったケースもある。

なぜ多文化主義をめぐり緊張関係が生まれるのか

次にあげる今の大学生の四つの特徴が、事態を悪化させる要因になっていると思われる。

差異を過大に意識

第一にあげられるのは、今の大学生は互いの共通性ではなく差異を意識する、という点である。一九七〇年代後半に調査を行った折には、自分たちの世代の特徴を述べるように求めると、学生は共通の傾向や価値観を強調した。いい仕事に就きたいと考えていること、物質的な成功を望んでいること、世間体は気になるし自分自身が大事だと思っていること、政治的関心はあまりもっていないこと、という調子である。しかし、今回の調査では様子が違っていた。同じ質問に対して、自分自身が他と異なりユニークな存在であることが強調された。学生があげたのは、人種、ジェンダー、出身地、性的志向、民族、それに宗教などの要素である。ある学生の例をあげてみよう。彼は小さな町で育ち、自分と同じアジア系アメリカ人の生徒は学校にほんのわずかしかいない環境で育った。

表4－2　ジェンダー問題に対する考え方（ジェンダー別）（1993）

ジェンダー問題	「そう思う」（％）男性	女性
女性が社会で競争に勝つためには，男性の2倍の能力が必要だ	33	70
フェミニズムはアメリカ女性の問題を解決するより，新たな問題を多く作り出してきた	46	31
性差別のために自分が職に就く機会に深刻な影響が及んでいると感じる	8	36
暴力犯罪の被害にあうのではないかと心配だ	36	54
ある職に就く時，能力が同じなら男性より女性が優先されるべきだ	23	38
女性は正当な根拠なしに男性をセクシュアル・ハラスメントで訴えがちだ	38	23

出所：Undergraduate Survey（1993）

大学に入るまで、自分がアジア系だということに意味があるとは考えていなかったのだそうだ。それが、大学一年目の終わりには、アジア系のルーツこそ自分の最も重要な面だと思うようになったという。三年生になると、韓国系アメリカ人としてのアイデンティティが彼にとってさらに重大な意味をもつようになった。自分自身の人物像を説明するように求めると、彼は韓国系アメリカ人と答えたが、その他の特徴や関心を引き出すためには、さらに質問を重ねなければならなかった。こういう空気のなかで、学生は共通項より差異を敏感に意識し重んじるようになっていく。

現実には、学生間に存在する「実際の」差異は非常に大きい。ジェンダーという大きな区分がある。人種の違いはこれよりさらに大きくて劇的だ。

当然ながら、ジェンダー問題に関しては男性と女性の意識の間に差がある。差別の程度の認識、差別されやすさ、現状改善の必要性など、いずれ

表4－3　人種問題に対する考え方（人種別）（1993）

人種問題	「そう思う」(%) 白　人	黒　人	ラテンアメリカ系	アジア系	マイノリティ全体
人種差別のために自分が職に就く機会に深刻な影響が及んでいると感じる	8	67	28	53	53
アメリカの大学の大半は，意図的かどうかは別として人種差別的だ	31	57	37	45	49
民族研究はその民族が運営すべきだ	48	70	61	57	64
入学基準を弾力的に運用してでも，マイノリティの入学者を増やすべきだ	25	55	48	43	50
自分と同じ人種の方がつき合いやすい	38	53	26	46	44
マイノリティの権利が強調されすぎ，マジョリティはないがしろにされている	60	13	40	34	25
過去5年間にアメリカは人種平等に向けて大きく前進した	47	75	55	58	66
強制バス通学を実施してでも公立小学校の人種融合を進めるべきだ	46	65	59	63	63

出所：Undergraduate Survey（1993）

も女性の方が切実に感じている（表4－2）。

人種問題に関しても同様で、人種により認識に差がある（表4－3）。しかも、人種間の認識ギャップは、ジェンダー間よりさらに大きい。少数派と多数派の間にもギャップがあるが、問題は個々の人種間の差である。黒人と白人は今回の調査で結果に最も大きな差がみられ、両者の間の溝は深い。人種に関する質問に対する黒人と白人の回答には、平均三〇ポイントの差が出た。これに対して、アジア系アメリカ人と白人の間の差は一九ポイント、ラテンアメリカ系と白人の間は一四ポイントである。ラテンアメリカ系は黒人よりもわずかながら白人側に近い認識をもっているといえるだろう。

問題はジェンダーと人種をめぐる認識の違いだけではない。性別と人種により、政治的な問題や社会政策に関する学生の分裂も深刻である（表4－4）。

ジェンダー間に溝があるという点では、前述のジェンダーをめぐる認識と同様である。女性は男性に比べて、社会的にも政治的にもよりリベラルであるといえる。今回の調査から、女性の方が社会や政治に対する関心が高いということがはっきりした。社会的な格差に対する批判や公民権への支持は、女性の方が高い数字が出ている。また、自らを保守的であるとする女性の割合は低い。男女の差がはっきりと表れた一つの例が、クラレンス・トーマスの最高裁判事就任をめぐる審問に対する反応である。トーマスをセクハラで告発したアニタ・ヒルの方が信用できるとした男子学生は三分の一に満たなかった（三一％）。対照的に、女子学生は半数以上（五五％）がヒルの主張を信じると回答した。しかし、人種間の差はほとんどなかった。

表4－4　社会問題に対する考え方（ジェンダー・人種別）（1993）

	「そう思う」(%)						
社会問題	男性	女性	白人	黒人	ラテンアメリカ系	アジア系	マイノリティ全体
アニタ・ヒルの証言の方がクラレンス・トーマスより信用できる	31	55	44	43	42	51	45
同性愛者は男女とも軍への入隊を法律で認められるべきだ	49	68	57	65	67	64	65
アメリカが砂漠の嵐作戦でクウェートに派兵したのは正しい	76	69	76	49	68	72	59
アメリカでは経済的に恵まれる機会が平等でない	59	71	63	82	68	66	75
私は政治的に保守派だと思う	33	21	31	9	25	20	15
私は政治的にリベラル派だと思う	34	43	36	54	38	40	46
キャンパスでデモに参加したことがある	25	25	23	41	26	23	33

出所：Undergraduate Survey（1993）

表4－5　好きな人物・嫌いな人物（人種別）（1993）

好きな人物	
黒人学生	白人学生
ネルソン・マンデラ	マーガレット・サッチャー
マルコム・X	ロス・ペロー
スパイク・リー	マジック・ジョンソン
ジェシー・ジャクソン	ボリス・エリツィン
マジック・ジョンソン	リー・アイアコッカ
嫌いな人物	
黒人学生	白人学生
ロナルド・レーガン	テッド・ケネディ
ジョージ・ブッシュ	ジェシー・ジャクソン
ロス・ペロー	マルコム・X
パット・ビュキャナン	スパイク・リー
ボリス・エリツィン	パット・ビュキャナン

出所：Undergraduate Survey（1993）

人種の面でみると、政治と社会政策については、黒人と白人の分裂は明確である。黒人は女性と同じようにリベラル傾向を示しているが、一つ大きく異なる点がある。それは、黒人の方が直接行動に積極的に参加する、ということだ。デモに加わった経験があると回答した黒人学生は四一％で、白人学生の二三％を大きく上回っている。

政治的な違いは、次のような調査でいっそうはっきりした。黒人学生・白人学生それぞれに、二六人の著名人リストを示し、好きな人物と嫌いな人物を五名ずつあげてもらった。そこで出てきた「好き・嫌い」の上位五名を比べてみると（表4－5）、黒人が「好き」だとした五名はすべて黒人だという点が注目される。

白人が「嫌い」とした五人のうち三人が黒人である。黒人と白人が共通してあげた人物は「好き」のマジック・ジョンソン、「嫌い」のパット・ビュキャナンしかいない。逆に、双方の「好き」と「嫌い」はかなり重なっている。白人が「嫌い」としたなかに、黒人の「好き」のリストにあがっている人物が三人いる。牧師で黒人公民権運動の指導者ジェシー・ジャクソン、一九六〇年代の黒人運動家マルコム・X、それに映画監督スパイク・リーだ。黒人が「嫌い」としたなかには白人が「好き」な方にあげた人物が二人入った。白人の富豪で一九九二年、九六年の大統領選挙に独立系候補として出馬したロス・ペローと、ロシア大統領ボリス・エリツィンである。

この調査から、黒人と白人の間の差は共通項よりはるかに大きいことが明らかになった。一方のヒーローは、もう一方では悪役となってしまい、共通のヒーローは存在しない。

調査をしていて、異なる集団はまるで別々の世界で育ってきたように感じられた。たとえば、自分が大きな影響を受けた社会的あるいは政治的な出来事をあげるように求めると、学生の回答は驚くほどバラバラに分かれた。男性ではチャレンジャー号爆発事故と湾岸戦争をあげる学生が最も多かった。しかし、女性の場合は、中絶の権利をめぐる最高裁判決が一位にあがった（Undergraduate Survey, 1993)。

同じような傾向は人種間にもみられる。白人は中絶判決、チャレンジャー号、湾岸戦争に最も大きな影響を受けたとしたが、黒人はロドニー・キング裁判、マーティン・ルーサー・キング牧師暗殺、ネルソン・マンデラ釈放の三つをあげた。アジア系アメリカ人のトップ3はベトナム戦争、天安門事件、ロドニー・キング事件であった。

個々の集団に影響を与えた人種に関わる出来事は、予想されたことだがまったく異なる。例外はロドニー・キング事件で、これは人種抗争であるだけに、マイノリティ全体が影響を受けた。それぞれの集団が別々の世界で育ち、そのまま別々の世界に暮らし続けているかのようだ。共通性ではなく差異が学生生活に影を落としているのはそのせいだろう。

分裂する学生集団

キャンパスの状況を悪化させている第二の要因は、先にあげた韓国系アメリカ人学生の例が物語るように、差異が広がり個別化が進んでいる点だ。先の学生は、初めは自分の民族性を意識していなかったが、次第にアジア系であるという意識をもつようになり、最終的には韓国系をはっきりと名乗るようになった。前章で論じたキャンパスのクラブなど諸団体の分裂が、このケースに反映されている。しかし、より重要であると思われるのは、学生が「自分と一緒」と思える相手が減り、「自分とは違う」と思う相手が増えている、という点だ。同類はあまりいない、自分はとても孤独な世界に生きている、という意識をもつ学生は確実に増えている。

キャンパスの人種分離

第三の要因は、自分とは異質の相手との距離を、学生が故意に測りそこねている、というものだ。現状では、アメリカの高等教育機関の大半で、自然発生的に人種分離が進んでいる。私たちが調査のため訪れた大学のうち、人種分離がないといえるのは三、四校にすぎない。二年制大学の二九％、四年制大学の四一％、全体では三分の一以上（三五％）の大学で、キャンパスのどこかに特定の集団が占有している場所があるという（Student Affairs Survey, 1997）。ほとんどの大学で、食堂に入ってみると、学生は人種・民族ごとに分かれて席を占めている。規模の小さい大学では、メキシコ系やラテンアメリカ系がまとまっているテーブルが見られる。大きい大学では、これがプエルトリコ系、ドミニカ系、メキシコ系、コロンビア系、パナマ系、ジャマイカ系と、さらに細かく分かれる。こうした人種分離について、アメリカ各地の大学生の声をまとめてみた。

「学生食堂での場所はだいたい決まっています。こちらに白人、向こうに黒人、そしてもう一方にアジア系という具合にね」。

イリノイ工科大学

「食堂に行ってみればわかりますよ。みんな人種ごとに分かれて座っています」。

北アイオワ大学

「食堂では分かれて席についています。キャンパスのあちこちに、特定の集団の居場所が決まっています。一階のラウンジは黒人、別のラウンジはラテンアメリカ系、工学専攻生のラウンジはアジア系専用という具合です」。

カトリック大学

「テーブルについている一人を見れば、同席者もすぐわかりますよ」。

ディストリクト・オブ・コロンビア大学

「黒人は学生センターでいつも決まった場所に座って一緒に食事をしているんですが……時々

それが原因でもめます。例えば、秋学期に、入学したての白人の一年生が、座ってはいけないところに座ってしまったんです……深刻な状況だとは思いますが、だからどうということでもないでしょう。すぐに爆発する危険はありません」。

ジョージア工科大学

「みんな人種ごとに分かれていて、それがいいと思っているようです」。

南メソディスト大学

「白人は白人の場所に座っています。アラブ＝インド系も自分の場所に座っています。黒人は黒人で自分の場所に座っています」。

ウェイン州立大学

「食堂では、それぞれのグループに分かれて席についています」。

カリフォルニア大学サンタ・バーバラ校

「キャンパスでは個々の集団が孤立しています。マイノリティの学生は同じ民族グループとつるんでますね」。

ボストン大学

学生寮にみられる人種分離は、他とは少し様相が異なる。キャンパス・ライフの他の面と同じような自然発生的な分離だけでなく、計画的分離が進められているからだ。調査対象の二七％にあたる大学が、特定の集団専用の学生居住スペースを設けている。特定の人種、民族、宗教などの学生のために、寮の一部があらかじめ確保されているのだ。留学生専用の居住区が一〇％の大学に用意されている他、アフリカ系（四％）、多文化（二％）、ラテンアメリカ系（二％）、先住民族（一％）、それに宗教系（一％）などがある。もっと多いのが成績優秀者専用（八％）、特定の専攻者用（五％）、共通のライフスタイルや社会問題に関心をもつ学生用（各四％）、フィットネス（四％）、芸術系（三％）、スポーツ（二％）、それに学生自治会役員用（二％）などである（Student Affairs Survey, 1997）。

ところが、食堂でみられるような人種分離パターンが存在しない集団が二つあった。ごく規模の小さい大学を除くほとんどのキャンパスで、人種が融合した集団を形成しているのは運動選手か演劇専攻生だった。スポーツや演劇の分野では、学生の協力関係が緊密で、共通性より差異が強調されがちな風潮を乗り越えてしまうのだろう。アメリカン・フットボールのチームで、クオーターバックが黒人でレシーバーが白人だとしても、互いを信頼しなくてはならない。また、マクベス夫人を演じるのがアラブ系でマクベスがユダヤ系でも、協力しなければ芝居はできない。緊密な協力関係を作り、共通の目標をもつことが、キャンパスで人種間の壁を破り融和を進める要因になるといえそうだ。

男女交際となると様子は少し違ってくる。三六％の学生が、他人種との交際や結婚には抵抗があると回答した。三九％が抵抗ありとした白人は、黒人（二九％）、アジア系（二三％）、ラテンアメリカ系（一六％）に比べ、抵抗感が強い（Undergraduate Survey, 1993）。この調査結果は、多数派と少数派が公共の場で席を共にしないという滑稽な現状を反映している。しかし、全体の三分の二に近い学生は異人種間の結婚を受け入れている、ともいえないだろうか。これについては、本音と建前の間に差がある、というのが実態だ。一九九三年度卒業生に対して九一年に行った調査によれば、過去一年間に異なる人種の相手とデートした学生はわずか七％にすぎなかった。他人種と食事をしたという学生も二七%しかいないという結果が出た(Higher Education Research Institute, 1992)。

学生とのグループ面接を通して、なぜ本音と建前があるかがはっきりしてきた。異人種カップルがキャンパスで手をつないで歩いていたら、人目をひくだろうか、あるいは眉をひそめられるだろうか、という質問をした。政治的にリベラルな空気の強い大学、難関とされる大学、大都市圏(特に北東部と西部)の大学では、だいたい「いいえ」という答えが返ってきた。ここで強調しておきたいことが二つある。まず一つは、学生の答えが一様でなかったという点だ。どんなタイプの大学でも、「はい」と「いいえ」の両方の答えがでてきた。もう一つは、異人種間デートが「政治的に正しい」とされる大学の学生ほど、これを容認する率が高いという点である。南メソディスト大学の例をあげよう。面接を行った際、学生たちは異人種間デートは批判的な目でみられるという点で意見が一致したが、「この大学ではそういうデートはほとんどない」と口をそろえた。ある女子学生は次のようにコメントした。「もし私が白人ではない相手とつき合ったら、友達は当惑すると思います……私は異人種間デートはしません。認められているとは、とても言えませんもの」。グループの学生は皆うなずきながら聞いていた。対照的なのはボストン大学だ。この大学はよりリベラルな雰囲気で、異人種カップルがとやかくいわれることはほとんどないだろう、というのが学生の見解だった。だが、異人種間デートに賛意を表する記事を書いたことがあるという学生新聞の編集者が、次のような体験を語ってくれた。彼は黒人女性とつき合っていたが、そのことで「非難を受けた」という。ボストン大学で人種差別は「隠れているだけだ」と彼はコメントした。

同性カップルがいても人目をひかないと学生が回答した大学は、一校しかなかった。人種差別に比べ、ゲイに対する反感の方が、より表面化しにくいことがわかる。

異人種間デートの経験を語ってくれた学生は相当数にのぼった。ほとんどにとって、それは「別にどうってことなかった」が、黒人男性とつき合った白人女性は大変な経験だったと感じることが多いようだ。ある女子学生は、友人が不安などさまざまな感情を抱くのだと述べ、アフリカ系の男性とデートするというだけの理由で「キャンパスの誰もかれもが私をふしだらな女だと思っている」とこぼした。

異人種間デートに対する非難は、多くの場合身内からくる。つき合っている相手ではなく、自分の友人から責められるのだ。たとえば、アフリカ系の学生は、どういう相手ならデートしてもよくて、どういう相手はだめか、はっきりとしたルールをもっている。黒人女性が黒人でない男性とつき合うのはかまわないが、黒人男性が黒人以外の女性と交際するのは好ましくないとされる。ほとんどの大学で黒人女子学生の数が黒人男子学生を上回っているから、というのがその根拠である。女子学生にはつき合う相手が必要だが、男子学生の数が少ないので、黒人以外の相手を求めることが許容されるのだ。

アジア系とラテンアメリカ系の場合は、これほど明確なルールはない。大学ごとに、あるいは地域ごとにばらばらだ。だが、学生は自分の大学の異人種間デートのルールを熟知している。

キャンパスに交流と分離のルールがあるために、学生は自分と異なるグループとの関係を実際以下に見積もってしまいがちだ。本書の著者の一人は、いくつかの大学でイベントの参加者数をチェックしたが、次のようなケースに遭遇した。アジア系の学生が講演会を主催した折に、白人の参加者がどれだけいたか尋ねてみると、白人が自分たちの催しに来ることはない、という答えが返ってきた。正確な数を示すよう求めると、ほんのひと握りしかいなかったという。しかし、実際には、この講演会の聴衆の少なくとも三分の一は白人だった。別の例では、ダンス・パーティが終わったあとに、白人の学生に黒人が何人参加していたか尋ねると、初めは黒人は白人のパーティに来ないものだ、という答えだった。黒人の数を示すよう再度促すと、白人学生たちは二〇人ぐらいといった。実際の黒人参加者は五〇人近くいた。

この傾向が一番はっきり表れたケースに、オウバリン大学で出会った。異人種間の友情と男女交際について尋ねたところ、人種ごとに分離して異人種間の交流はほとんどない、と学生は回答した。オウバリンといえば、アメリカで最初に黒人の入学を認めたことで知られ、現在はジェンダーに関わる偏見をなくすキャンペーンを実施している大学だ。学生と面接中、異人種カップルが何組も脇を通って行った。事実、オウバリンでは他のほとんどの大学よりも人種融合が進んでいるのだが、学生たちにはそれが見えないのである。

この状況をどう受け止めたらよいのか。学生はキャンパスの人種分離を当然のこととみなしているので、融合が進んでも気づかないのだろうか。あるいは、状況はさらに悪くて、多様な学生が寄り集まっているにもかかわらず、グループごとに孤立して交流を図らないのだろうか。

広がる被害者意識

多様性をめぐり学生間の緊張を高める第四の要因は、被害者意識の強まりである。これは消費者主義を押し進める要因にもなっている。一九八〇年代から九〇年代の初めにかけての調査で、四年制大学の学生部長の半数以上（五四％）が、自分は他の人に比べて不利な扱いを受けていると感じる学生の割合が増えている、と回答した。同じ問題に関して九七年に、九〇年代の傾向を再度学生部長に総括してもらったところ、被害者意識の強まりがみられるという回答を九五％から得た（Student Affairs Surveys, 1992, 1997）。経済的に恵まれている学生は、経済的に困難な状況にある学生の分まで余計に学費を納めさせられる、という不満をもっている。経済力がなくて奨学金などを必要とする学生は、学費を全額支払える学生に比べて自分たちの方が高い条件をクリアしないと入学を認められない、と訴える。男子学生は、伝統的に男性が占めていた専門職に就こうとする時、女性が優遇されると感じている。逆に女子学生は、女性だからぶつかる壁があるのだと主張し、男性の責任を追及する。人種的多数派は、少数派が学費を減免されていると非難し、少数派は反対の主張を展開する。留学生はアメリカ人が優遇されているといい、アメリカ人はその逆だという。宗教グループは、別のグループの方が有利な取り扱いを受けていると文句をつける。

こうした状況をまとめると、アメリカの大学では、学生が自分は不当に取り扱われ、その分他の人が優遇されていると感じる傾向が強まっている、といえそうだ。これが差異に対する敏感な意識と相まった結果、無関心でいられる領域がなくなった。本来なら気にもとめないような、あるいは隠れた意味や重要性などないような会話や行動まで、深刻に受けとめられてしまうのである。互いの差異が原因で、自分が被害を被っていると考える学生が増えたためだ。寛容な精神は消えた。こと差異にかかわる問題になると、それが実際に存在しても単に想像にすぎなくても、学生は引き金に指をかけた一触即発の状態にあるといってよい。

これに加え、私たちが今生きているのは、人々の共通性ではなく差異を重んじる時代だという事実がある。多種多様な集団が存在し、本当に隙間が空いている、もしくは隙間があると思い込まれていると、それを埋めるのは至難の業だ。しかも、個々の集団がさらに細かく分裂を繰り返している。このような環境では、ホッブズが『リヴァイアサン』で描いたような無制限の闘争がアメリカの大学を舞台に展開される危険が迫っている。

訪問調査を行った大学の三分の一で、こうした現実に対応するための委員会、調査会、特別対策室などの全学的組織が設けられていた。多様性をカリキュラムに反映する大学の数も、急激に増加している（Levine and Cureton, 1992）。しかし、問題解決に成功した大学は、あるとしてもごく少数にすぎない。多文化主義は、今アメリカの大学で一番難しい問題なのである。

5章　プライベートの生活

――深い人間関係を避ける大学生――

大学二年生の女子。野球帽を後ろ前にかぶっているが、これは六〇年代ならさしずめ絞り染めのTシャツというところだろうか。足元にはバックパック、ペットボトルを手にしている。だぶっとした感じの服装。流行の若者ブランドの広告そのものだ。何をしている時が楽しいか尋ねたところ、「寝ている時」という答えが返ってきた。

ビジネススーツを着て、イヤリングを二つつけた男子学生。クラブに行くのが好きだという。彼曰く、「うちの大学ではみんな飲んでるよ。みんな酔うために飲むんだ」。

スパッツ姿の女性と長めの短パンをはいた男性の二人組。キャンパスでは「誰もデートなんかしていない」という。二人とも親密な関係になるのは怖いという意見だ。大人の恋愛関係がうまくいっている例をみたことがない、と二人は口をそろえる。

傷つくのが怖い

今の大学生はおびえている。傷つくのが怖いのだ。半数近く（四六％）が暴力事件の被害にあうことを恐れている。女性ではこの割合はさらに高い（五四％）（Undergraduate Survey, 1993）。郊外の裕福な地域にある大学で学ぶ三年生女子に、なぜ怖がっているのか聞いてみた。彼女はキャンパスで起こった特定の出来事が念頭にあったわけではない。代わりに、大学で最近非常用電話が設置されたこと、屋外の照明が明るくされたこと、それにキャンパスを夜間歩く時のエスコート・サービスが始まったことなどを話してくれた。この学生にとって、不安の原因も予防策も変わりはない。両方とも、彼女の不安を募らせるばかりだ。

学生は経済的な見通しにも不安をもっている。経済的に苦労をしてきたという学生は多い。調査を行った学生の五分の一以上（二一％）が、学費を負担してくれていた人物が在学中に失業するという危機に見舞われている（Undergraduate Survey, 1993）。自分自身の経済的な先行きも心配だ。学費を払い続けられるかどうかわからないという訴えを、調査中繰り返し耳にした。今は、二年制の大学生一人あたり平均年額三二一〇ドル、四年制では四七九〇ドルのローンをかかえている（U.S. Department of Education, 1996c）。そういう時代だから、一〇人に三人は卒業まで学資が足りるかどうかわからないという不安をもっている。この割合は、一九七六年からみると、五〇％の増加だ。事実、学資は十分だと回答した学生は二五％しかいない（表5－1）。その他にも、ローンを返済できるだろうか、卒業後まともな職に就けるだろうか、マイホームを購入しかつ家族を養うこ

表5－1　学資に関する不安（1976，1993）

不安の内容	「不安がある」（%） 1976	1993
十分な学資がある	38	25
学資は多分足りると思う	43	45
卒業まで学資が足りるか心配	19	30

出所：Undergraduate Surveys（1976, 1993）

とができるだろうか、どうにもならなくなって実家で両親と同居せざるをえなくなるのではないかなど、不安はつきない。

学生にとってもう一つの心配の種は、人間関係である。大学一年生の三分の一近く（三〇％）は、片親で育ったかあるいは両親ともいない環境で育ってきた（Sax, Astin, Korn, and Mahoney, 1996）。両親がそろっていた学生でも、知人や隣人の離婚のケースを身近で見ている者が多い。こうした学生はしばしば、自分の両親の関係も不幸なものであるという。今の大学生は、必然的に離婚問題という不安をかかえている。ある大学の学生部長は、そのあたりを次のように表現してくれた。「学生は自分を守り、育んでくれる環境を求めています。安心感が欲しいんですね。自分は離婚などしたくないという気持ちをもっているようです」。結婚はただ一度きりにしたいという学生の願望は強く、幸せな結婚生活を望んでいる。だが、それが可能だという確信はもてない。

学生部長との面接調査では、度々学生の家庭崩壊が話題にのぼった。暴力、不安定な生活、再婚同士の家庭、それに感情、性、経済面にかかわるものなど、多くの問題が指摘された。「家庭が問題の根源であるとわかっている場合、学生を家に帰すのは難しいですね」とは、ある学生部長のコメントだ。

学生と話をしてみると、家庭の問題に触れる者は多いものの、言及のしかたはたいへん控えめだ。だが、具体的な話をする学生もおり、特に帰るべき家がないことについて思いを語るケースがみられた。調査対象の実に二七％が、大学に入るまでに四回以上の転居を経験しているという数字がでた。五回以上転居した者も一六％にのぼるが、有色人種の学生ではその割合はさらに大きく、四回以上が三六％、五回以上が二〇％に達する（Undergraduate Survey, 1993）。そのような学生は根っこがなく、自分の居場所という感覚や、強い絆で結ばれた人間関係をもてない。そういうものを強く求めながら、結局は手に入れられないのではないかと怖れてもいる。

つまり、以前に比べ学生は感情的に混乱し、傷ついた状態で大学に進んできている、といえるだろう。学生部長の一〇人に六人（六〇％）が、心理カウンセリングの利用者が記録的に増えており、利用期間も長期にわたる傾向があると指摘している。このような見方を示した学生部長は、四年制大学で六九％、二年制では五二％にのぼった。また、摂食障害の増加が認められた大学は調査対象の五八％に達した。教室での問題行動は驚くなかれ四四％の大学で増加、他にも薬物中毒は四二％、問題飲酒は三五％、ギャンブルは二五％、自殺未遂は二三％の大学で増えていることが確認された（Student Affairs Survey, 1997）。学生部長の見解をまとめてみた。

「学生は、昔よりいろいろなものをかかえて大学にきています」。
「人間的な発達が遅れている、あるいは問題がある学生に対処することが増えています」。

「情緒を病んだ学生のために、かなりの時間を割くようになりました」。

「問題学生や問題家庭との関わりが増えました」。

「学年や個人的な境遇の違いに関わらず、心を病む学生は全般に増加しています」。

「学問以外の問題を私たちのところにどんどんもち込んできますね。ここはまるで第二の社会福祉事務所ですよ」。

「学生生活の規律、ストーカー、いやがらせ、家庭内の暴力沙汰といった問題にかなり時間をとられている状況です」。

「学生は、大学というコミュニティが自分の要望に応えてくれるはずだと思っています。個人的な問題も、社会全体の問題も、何とか解決してくれるのではないか、とね」。

(Student Affairs Survey, 1997)


大学に入るまでの段階で不安や心の傷が積み重なっていると、学生は仲間をつくらず孤立してしまう。今の学生の心理は、いうなれば救命ボートに乗っているようなものだ。一人ひとりが激しい嵐のなかで小舟に乗っているが、近くに港はない。小舟はどんどん浸水していて、すぐにも沈んでしまいそうだ。このような状況下で選択肢はただ一つ、各自がひたむきに水をかき出すしかない。他にも沈没しそうな小舟がいるのだが、嵐が激しくて、誰も他人にかまっていられないのだ。気を緩める暇などない。大きなプレッシャーから一瞬たりとも逃れることはできない、そういう状況に彼らはおかれている。

こんな具合だから、この世代は人づき合いをする暇も意欲もない。深い人間関係を恐れる学生が多いのは、そのためだろう。他人と関わるより、引きこもっていた方が気が楽なのだ。学生は昔と違い、キャンパスの外へ出たり、酒で気を紛らわすことが増えている。

人づき合いに関しては、学生の不安は希望よりはるかに大きい。人間関係に対する態度は、政治的なものに対する態度とかなり異なる。政治、政治家、それに政府に対しては、不安や疑念をもちながらも、限られた地域で形式にとらわれずボランティア活動をするというやり方で、行動をおこしている。これには、政治的な課題に何らかの形で取り組まないとこの先どうしようもなくなると思った、という事情がある。対照的に、学生にとって人づき合いは「ねばならない」ものではない。深い人間関係は、政治的な活動に関わるよりもリスクが多いのだ。傷ついたり、重荷が増えたり、人生が思うようにいかなくなる可能性が大きいと学生は考えている。

何して遊ぶ？

私たちは、学生に遊びについて尋ねてみた。以前の調査でも同じ質問をしたが、今回は大分違った回答を得た（表5－2）。

学生部長にも同じ質問をしたところ、最も一般的なものについては学生とほぼ同じ答えが返ってきた。ただし、学生があげたのよりも健康的な娯楽が回答に含まれているようだ（表5－3）。

この質問に対して、多くの学生は驚きまたは困惑を示した。一体何の話ですか、あなたはどこの

表5－2　大学生のレクリエーション（学生からの回答）(1979，1993)

レクリエーションの種類	回答した学生（%）	
	1979	1993
飲　酒	77	63
ナイトクラブ，バー	—	59
キャンパス外	—	52
パーティ	38	41
スポーツ	54	33
遊ばない（通学生）	27	30
演　劇	—	26
音　楽	27	22
映　画	27	22
コンサート	12	22
社交クラブ	19	15
勉　強	—	21
旅　行	8	11
ダンス	58	11
ドラッグ	54	a
寝ること	—	11
学生寮の行事	19	—
トランプ，バックギャモン	12	—
ランニング	12	—

a：ドラッグ使用は度々話題にのぼったが，学生は概して否定的で，飲酒の方が一般的だとした．

出所：Campus Site Visits（1979，1993）

表5－3　大学生のレクリエーション（学生部長からの回答）（1997）

レクリエーションの種類	回答した学生部長（％） 2年制	4年制	全体
パーティ	17	52	34
スポーツ	48	51	50
飲　酒	9	50	29
社　交	39	36	37
ゲーム	30	15	23
ビデオ	13	30	21
アウトドア	13	24	18
コメディなどエンターテインメント	22	7	15
ナイトクラブ	13	16	14
音　楽	9	15	12
ギリシア文字クラブ	—	9	5
デート	—	2	7

出所：Student Affairs Survey（1997）

惑星から来たんですか、とでも問いたげな表情をしばしば目にした。グループ面接を実施した大学の三分の一近く（三〇％）で、学生は仲間と遊んでいないと口を揃えた。この数字は、以前の調査結果（二七％）に比べてわずかしか増えていないが、今回初めて「寝ること」（二一％）がレクリエーションの一つとしてあげられた。コロラド大学でグループ面接を行ったとき、学生は自分たちの世代を最もよく言い表す形容詞として「くたびれた」を選んだが、この調査結果をみるとうなずける。

余暇の過ごし方としてもう一つ、今回初めて出た回答は「勉強」である。五分の一以上（二一％）の大学で回答リストにあがった。学生からは次のような声を度々聞いた。

「これといった楽しみはないですね」。

「自由に使える時間はありません」。

「綱渡りの生活です」。

「勉強、それだけです」。

「やることが多くて。時間が足りません」。

「くたびれちゃって」。

「仕事を優先させなければ」。

「学費が高いので、週に四〇から五〇時間働かなくてはならないんです。もうくたくたで、授業中に寝てしまうこともあります」。


多くの学生にとって、「仕事、大学、家庭、それが生活のすべて」なのだ。コーヒーを飲み干す時間はあっても、「香りを楽しむ暇」はない。働きながら大学に通う学生が劇的に増えて、今やその割合が約六〇%に達していること、あるいは二四%(二年制では三九%)がフルタイムの仕事をもっていることを考えれば、当然の結果だろう(Undergraduate Survey, 1993)。一九九〇年代を通して、調査対象の大学の七一%で、働きながら学ぶ学生が増加している(Student Affairs Survey, 1997)。パートタイム学生や家庭もちの学生が増えたことが一因である。子供がいる学生の割合は、ほぼ五人に一人(一八%)となっている(Undergraduate Survey, 1993)。これだけ忙しくなれば、何かを諦めざるをえない。そこで余暇が犠牲になる。

しかし、学生が遊ばなくなったのは、忙しさだけが理由ではない。学生部長らは、以前に比べ単独行動が目立つと指摘している。学生寮でも、一人部屋を希望する学生が飛躍的に増えた。ルームメートとの共同生活に、昔ほどの魅力はないようだ。自分の殻に閉じ込もりたがるのは、アメリカ全体にみられる「集団離れ」の傾向を反映している。以前は、個人が共通の関心によって多種多様な人々と結びつき、集団を形成していた。だが、今では社会のネットワークや行動規範といった社会的な核が失われつつある。どこでも盛んだったボーイ・スカウトや地域のボーリング・クラブなど市民の団体が、大幅な会員の減少に見舞われているのもそのためだ。これについては、ロバート・パットナムが優れたエッセイ「たった一人のボーリング」("Bowling Alone," 1995) で指摘している。

同様に、かつて学生が連帯を深めていたキャンパスでのさまざまな集団活動はそっぽをむかれ、個別化が進んでいる。テレビを見るとき、以前はみんなでラウンジで見ていたが、最近は個人の部屋にテレビをおいている。映画をみるのも、映画館に代わって自宅のビデオだ。ある学生の言葉を借りれば、今や寮の部屋は「装備万端」なのである。ある学生部長は、電力の容量を心配していた。学生があれもこれもともち込んだ電気製品のおかげで、ブレーカーが落ちるのではないか。大学にとってもっと深刻なのは、今の学生の要求を満たすように電気や電話の配線を増やすなど、設備の充実を図る財源を確保できるかどうか、という問題だ。学生の部屋には、電子レンジ、テレビ、ビデオデッキ、CDプレーヤー、テープデッキ、留守番電話、冷蔵庫、コーヒーメーカー、その他ありとあらゆるものが置いてある。前出の学生部長は、「何でも全部そろっていますよ」と言い、食事と授業の他は何でも部屋で用事が足りるだろうとつけ加えた。

まさにそこが問題だ。学生はわざわざ外に出て行かなくて済むような暮らしをしている。

プライベートはキャンパスを離れて

大学生が社会的なつき合いをしなくなったという訳ではないのだが、そのためにキャンパスの外へ出る機会が増えている。一九七九年の調査では、学生の娯楽で人気があったのはキャンパスで催されるイベントだった。ダンスパーティやその他さまざまのパーティ、それに学内対抗スポーツに参加する学生は多かったし、その他にも映画会、音楽会、ギリシア文字クラブ、寮のイベント、トランプ大会などの催しに人が集まった。ところが、最近の調査ではパーティを除くこれらの催しすべての人気が落ちている。キャンパスで開かれるダンスパーティの人気凋落ぶりは著しく、参加すると答えた学生は前回調査の五分の一しかいない。学内対抗スポーツはいまだに大学生のレクリエーションの代表格だが、やはり四〇％近く数字が落ちている。寮のイベントやトランプ大会をあげる学生はいなくなってしまった（表5－2）。ギリシア文字クラブ（男子・女子学生の社交クラブ）に関心があるとした学生も、四三％の減少をみた。一九八六年から九二年の間に、ギリシア文字クラブの会員は四・四％から二・五％にまで落ち込んでいる（Center for the Study of the College Fraternity, 1992）。一九九〇年代を通して、ギリシア文字クラブに関心を示す学生が減った四年制大学は、四三％にのぼる（Student Affairs Survey, 1997）。

今の時代は、かつてないほど多様なイベントがキャンパスで催されている。しかし、南ミシシッピ大学の学生部長の言によれば、個々のイベントは「特定の小さな集団しか興味を示さない」種類のものだという。これは、多くの面で学生集団の細分化と差別化を映し出す現象である。方々の大学の学生部長から、次のようなコメントを聞いた。「大きな集団のなかで人とつき合うということが、段々なくなっています」「学生は特定の集団を形成し、活動の内容も限定されたものになってきました」「キャンパス全体のイベントには参加せず、単独で行動したり、小さなグループのなかで活動する学生が増えていますね」(Student Affairs Survey, 1997)。

大学での講演者として人気の顔ぶれを見れば、この傾向がよくわかる。一九七八年の調査では、芸能人に人気が集中し、大勢の学生を集めていた。今は多数の聴衆を集めるのが難しいと、学生部長たちは口をそろえる。一番人気があるのは、民族性がはっきりしている有色人種の講演者で、特定の学生集団に歓迎される。コリン・パウエル、エリ・ウィーゼル〔ルーマニア生まれのユダヤ系作家、ナチス強制収容所の体験者〕、コーネル・ウェスト〔黒人の作家・学者〕、グレッグ・ルガニス〔飛び込み競技選手、オリンピック金メダリスト。HIV感染を告白している〕、ジェシー・ジャクソン、ジョスリン・エルダーズ〔女性医師、早期の性教育の重要性を説く〕、アル・シャープトン師〔バプティスト派牧師、黒人運動家〕、スパイク・リー、ダニー・グローヴァー〔映画俳優〕といった面々がこの条件に当てはまる。コリン・パウエルとジェシー・ジャクソンは既成の権力組織の人間と考えられなくもないが、その他は明らかに違う (Student Affairs Survey, 1997)。

学生は概してキャンパス外に娯楽を求める傾向がある。私たちが調査のため訪れた大学の半数以上 (五二%) で、学生は何をして遊ぶかという問いに対して特定の行動や場所をあげず、ただ

表5－4　学生の居住（1969, 1976, 1993）

居住している場所	回答した学生（%） 1969	1976	1993
アパート，一軒家（実家以外）	12	34	39
大学の学生寮	44	30	30
実家，親戚の家	32	28	25
下 宿 屋	3	2	3
ギリシア文字クラブ	4	2	2
そ の 他	4	5	3

出所：Undergraduate Surveys（1969, 1976, 1993）

「キャンパスの外に出る」とだけ回答した。場所を特定するように求めると、最も多く返ってきた答えはナイトクラブやバーであった（五九％）。マンハッタン大学のある学生は、ナイトクラブなどが「社交の最先端基地」だと表現した。ナイトクラブやバーは、レクリエーションのリストに登場した新顔だ。一九七九年の調査では影が薄かったが、最近の調査では遊びに行く場所の一位になった。他に人気が高まっているのは旅行や、キャンパスの内外で催されるコンサートと芝居である。

学生の回答にこのような変化がみられるのは当然だ。というのも、全大学生のうちキャンパスに居住しているのは三〇％にすぎないからだ。これは一九六〇年代末の三分の一でしかない。逆に、キャンパス外に居住する学生の割合は、三倍以上に増えている（表５－４）。

カリフォルニア大学ロサンジェルス校の高等教育研究所が一九九一年に行った調査で、一年生の時に学生寮に住んでいた学生のうち、四年生まで住み続けるのは四四％しかいないという結果がでた（Higher Education Research Institute, 1992）。

仕事をもっている学生やパートタイム学生が増えているという状況を併せて考えると、キャンパスはもっぱら勉強する場所になりつつあるといえよう。居住と社交はキャンパス外に移っている。これを反映して、学生のキャンパス居住率が低い大学の多くで、図書館が学生の活動の拠点になるという現象がみられる。過去五年の間に、調査対象の大学の五七%で、図書館利用者が増加している。四年制大学（四五%）より二年制（六七%）でこの傾向が著しい（Student Affairs Survey, 1997）。

飲酒への逃避

大学生に聞いてみると、彼らに一番人気のあるレクリエーションは飲酒だという。一九七九年の調査でも一位は飲酒だった。キャンパスでは喫煙とマリファナ吸引も増えている。ハーヴァード大学公衆衛生学部の調査で、大学生の三分の一近く（三二%）が過去一年間にタバコを吸い、二五%が何らかの非合法ドラッグを使用したことが明らかになった（Wechsler, 1996）。南イリノイ大学カーボンデイル校コア研究所やミシガン大学社会調査研究所が全国規模で行った調査でも、同様の結果がでている（Presley, Meilman, and Lyerla, 1995; *World Almanac and Book of Facts*, 1997）。それによれば、大学生のうちマリファナを使用したのは二四%、コカインは四%、幻覚剤は約五%である（Presley, Meilman, and Lyerla, 1995）。

一般的に学生は（かなり喫煙率が高いにもかかわらず）喫煙は「愚かしい」という。私たちの調査に対して、二〇年後もタバコを吸っていると思うという学生の回答は、ほとんどなかった。今は若いから害もない、という感覚でいるようだ。それでも、一九九〇年代に喫煙者が増えた大学は、三八％にのぼる。四年制大学での増加率（五〇％）は二年制（二七％）を大きく上回った（Student Affairs Survey, 1997)。

ドラッグとなると、学生の反応は異なる。ドラッグはいいとか悪いとかではなく、むしろ自分たちにとってあまり意味がなく、取るに足らないものだというとらえ方をしているようだ。だが、学生部長の四二％がキャンパスでの薬物濫用が増加していると回答した（Student Affairs Survey, 1997)。調査対象となった大学のほとんどで、学生はキャンパスにドラッグが存在すると認めたものの、今どき流行らないと口をそろえる。


「マリファナをやるのは変わり者だけですよ」。

「九〇年代にドラッグは流行りません」。

「集団より個人でやるものでしょう」。

「ドラッグはダサい」。

「この大学でドラッグ・カルチャーは目につきません。高校のときは、どこに行けばクスリが手に入るかわかっていたんですが」。

「六〇年代とは違います」。


要するに、学生にとってドラッグはどうでもよい存在なのだ。全く対照的なのが大学生の弟・妹の世代で、こちらの世代のドラッグ使用は一九九二年から九五年の間に一四一％と大幅に増えている（Goldberg, 1996）。この世代が大学に入るのは、そう遠い先の話ではない。

飲酒に対する態度は、まったく対照的といえる。アメリカ各地の、あらゆるタイプの大学生のコメントをまとめてみよう。


「ドラッグをやるのは軽蔑されるけれど、お酒なら大丈夫」。

「あっちでもこっちでも、みんな飲んでいます」。

「みんな飲むのが大好きです」。

「アルコールは、とっておきのドラッグというところでしょうか」。

「このキャンパスで、お酒は生活の大きな一部なんです」。

「飲まない人なんていませんよ」。

「誰もが酔うために飲んでいます」。

「ビールが出ないパーティは、パーティといえません」。


全国的にみると、大学生の八四％が過去一年間に酒を飲んだことがあると回答した（Wechsler, 1996）。原則として二一歳以下の飲酒は法的に禁じられているのだから、この数字はかなり大きいといわざるをえない。法にかなっていようがいまいが、いつの世も大学生活には酒がつきものだ。一六三九年に植民地時代のハーヴァード大学初代学長が解雇された理由の一つは、彼の妻が学生の食事に必ず出すビールを水で薄めていたからだという（Morison, ［1936］1964）。

飲酒がキャンパス全体に広がっていることよりさらに重要なのは、学生の飲酒量である。私たちが面接したなかには、宗教上や健康上の理由、あるいは経済的に余裕がない、飲酒問題を抱えた親戚がいるなどのためにまったく飲まないという学生もいた。単純に酒が嫌いだからとか、気分が悪くなるから、というコメントも聞いた。だが、このような学生は例外的な存在だ。過去一〇年間に、たしなむ程度に飲むという大学生は減っているという事実がある（Hanson and Engs, 1992; Wechsler, Isaac, Grodstein, and Sellers, 1994）。男性なら五、六杯、女性なら四杯程度続けて飲んでしまう大量飲酒は、逆に増えている。ハーヴァード大学公衆衛生学部が行った全国調査（Wechsler, 1996）に対して、飲酒の習慣がある大学生の四四%が、過去二週間に大量の飲酒をしたと回答した。ウェクスラーは過去二週間に三回以上大量飲酒をした者を常習者と定義しているが、大学生のほぼ五分の一（一九%）がこれにあたるという驚くべき結果がでている。

この調査では、常習者の割合が大学によりかなり異なることもわかった。少ないところでは一%、多いところでは七〇%にものぼる。このような差が生じる要因は、その大学独自の文化や伝統、地域性、キャンパスに居住する学生が多いか少ないかなど、実に多岐にわたる（Wechsler, 1996）。

学生の飲酒は、キャンパスに色々な影を落としている。「大学生のアルコール・薬物濫用調査委員会」は、次のような現象を指摘した。

● 過去五年間に、急性アルコール中毒で救急病院に収容される大学生の数は、一五%増えている。

- 性交渉により何らかの病気に感染した大学生女子のうち六〇%は、感染時に酒に酔っていた。
- 大学生の自殺者の三分の二は、自殺時に酩酊状態だった。
- 大学における施設破壊の八〇%、レイプの九〇%、暴力犯罪の九五%は、アルコールの影響下で起こっている（Commission on Substance Abuse..., 1994, p. 4）。

日常的なレベルでは、飲酒がすぎたために授業を休んでしまったり、二日酔いで苦しんだり、勉強についていけなくなったりする学生が珍しくない。もっと深刻なのは、無防備なセックスをしたり、怪我を負ったり負わせたり、後で後悔するような行動をとってしまうケースだ（表5－5）。アルコールを飲んだ上に「デート・レイプ」〔デートの相手による性的暴行〕でよく使用されるロヒプノールという薬物を投与される被害にあうと、さらに悲劇的な結果が待ち受けている（Smith, Wesson, and Calhoun, 1997）。

飲酒をめぐりこのような状況に至っていることは、学生部長らも学生も認めている。コロラド大学の学生部長は、こう述べた。「毎日飲む学生が増えています。パーティからパーティへ、千鳥足で渡り歩いていますよ」。ドレイク大学では、上級学年の女子学生が特に問題なのは一年生だと指摘した。「記憶を失わないと十分に飲んだことにならない、っていうのがあの人たちの考え方なんですから」と不快そうに顔をしかめて語ってくれた。

表5－5　アルコールによる問題を起こしたことのある飲酒学生（%）（1996）

飲酒による問題	たまにしか飲まない	習慣的に飲む	しばしば飲む
二日酔い	30	75	90
あとで後悔するような行動	14	37	63
授業を欠席	8	30	61
記憶をなくした	8	26	54
勉強が遅れた	6	21	46
友達とけんか	8	22	42
予定外の性交渉	8	20	41
コンドームなしの性交渉	4	10	22
け　が	2	9	23
器物を破損した	2	8	22
警察沙汰を起こした	1	4	11
飲み過ぎをなくす治療が必要	＜1	＜1	1

出所：Wechsler（1996, p. 23）

表5－6　飲酒が多い大学と少ない大学別アルコールの間接的影響（%）（1996）

飲酒者から受けた被害	飲酒が少ない大学	飲酒が多い大学
侮辱された	21	34
口説かれた（女性からの回答のみ）	15	26
深刻な口論，けんか	13	20
小突かれた，殴られた	7	13
勉強や睡眠の邪魔をされた	42	68
酔っぱらった学生の介抱をした	31	54
物を壊された	6	15
性関係を強要された	2	2

出所：Wechsler（1996, p. 60）

飲酒する学生からもしない学生からも、他人の飲酒により迷惑をこうむるという声が聞かれた。性的に言い寄られたり、うるさくて眠れない、器物を壊された、勉強の邪魔をされた、攻撃的な態度をとられたなどが被害の例である（表5－6）。

どういう時に飲むのか尋ねてみたが、「いつでも」とか「四六時中」という答えも決して珍しくなかった。それでも、一番多いのは「週末」という回答である。カトリック大学のある学生は、「週末」とは木曜日から日曜日までのことをいう、と定義してくれた。この四日間にパーティが集中する。「夜七時から一一時まで勉強して、そのあと出かける」のだそうだ。

なぜ飲むのかという質問には、種々雑多な答えが返ってきた。「A型だから」（オウグルソープ大学生）「ストレスがたまるので」（イリノイ工科大学生）「みんなリラックスしたくて飲むんです。酔うために飲む人もいます。飲むと正直になって、自分をうまく表現できるような気がするんです」（北アイオワ大学生）。この他にも実に多種多様な回答を得たが、何かから逃避するために飲んでいる、とまとめることができるだろう。

親密になるのが怖い

学生が最も避けたがっていることの一つは、人と親密な関係になることだ。伝統的な形態の男女交際は、キャンパスから姿を消しつつある。アメリカ各地の大学で、「デートなんてものはここでは見ない」（コロラド大学生）という学生のコメントを耳にした。

一対一のデートに代わり、特定の一人をパートナーにするのではないグループ交際が盛んになっている。これなら、相手と深く関わらないですむし、親密な関係になる心配もない。「グループ交際は感情的なごたごたに巻き込まれるリスクが低い」というのが、ある北アイオワ大学生の説明だ。それに、ロリンズ大学の学生部長の言葉を借りるなら、「特定の相手とデートするような関係は格好悪い」と思われているらしい。

もちろん、例外もある。カトリック大学の学生部長は、入学後すぐにカップルになり、卒業までずっと一緒にすごす学生もごく少数ながら存在すると語ってくれた。こういうカップルはいつも互いの腰に腕をまわして歩いているので、「マジックテープでくっついているみたい」だというのが、この学生部長の表現だ。

上級の学生ほど親密な関係を容認する傾向が見られる大学も数校あった。ドレイク大学のある女子学生が「みんなそれぞれ異なった段階を経ているんです。四年生は親密な関係になることがかなり多いと思います」と述べたように、大学生は多様化しているのである。南メソディスト大学のある学生も、同じ趣旨を次のように表現した。「四年生にならないと、真剣なデートはみんなあまりしていないと思います。つき合う、ということはあっても、親密な関係にはなりたがらないんです。でも、セックスはありますよ。大学はカジュアルなセックスをする場所になっています」。

学生はセックスについてよくしゃべる。以前の調査とは際だって対照的に、個人のセックス・ライフを詳細に語ってくれた。ボストン大学では、処女だと打ち明ける女子学生もいた。

性的な関係を話題にするとき、学生は「チェックを入れる」(scoping)、「品定めする」(clocking)、

「つき合う」(hooking)、「ゲットする」(scamming)、「やる」(scrumping)、「できる」(mashing)、「お泊まりする」(shacking)などの言葉をつかった。次の一覧に示したように、それぞれの定義は大学ごとに多少異なる。いずれにせよ、どの用語も、その定義も、およそロマンティックではない。感情が含まれていない点が特徴だといえる。

○性的な関係に関する用語

●チェックを入れる
「男の子が、どんな女の子がいるかをチェックする」。

「ただ見ているだけ」。

「特にパーティで、部屋中を見回してみること」。

●品定めする
「男の子が女の子を、あるいは女の子が男の子を品定めすること」。

●つき合う
「肩肘はらないデートをする」。

「二人で会うこと。セックスが目的の場合もあるし、ただのデートということもある」。

「一晩一緒にすごして、それっきり」。

●ゲットする
「相手をひっかける」。

「頭のてっぺんからつま先まで観察する」。

「異性の相手をじっくり品定めする。運がよければベッドイン」。

「狙いを定めてアプローチする。ただ単に知り合いたいという場合も」。

「グループでデートした後飲んで、最後はセックス」。

「女の子を何とかしてベッドへ誘うこと」。

「出会いを求めてパーティへ行くこと。女性の場合、必ずしも性的な出会いという意味ではない。でも、男性はいつもセックスが念頭にある」。
●やる
「セックスすること」。
●できる
「性的な出会い」。
●お泊まりする
「相手の部屋に泊まる。ただし、必ずしも寝るわけではない。政治的に正しい言い方」。

「グループでまずチェックを入れて、ゲットして、最後はお泊まりする」。


どういう言葉で表現するにせよ、あるいは実際に何をするにせよ、伝統的なデートに代わり、感情移入を伴わない性関係をもつのが今の学生のつき合い方だといえるだろう。キャンパス外のバーかパーティに出かけ、酔うまで飲み、そのまま誰かの部屋に泊まってしまうというのが、お決まりのパターンだ。ディストリクト・オブ・コロンビア大学の学生がこんな風に語ってくれた。「みんな、夜がふける頃には相手を決めたいという目的だけで、バーでずっと待っているんです」。セックスはアルコールの力を借りた一夜の情事の連続、というとらえ方が一般的だった。朝帰りする女子学生（断じて男子学生ではない）が寮へ向かう道が「恥かき小道」と呼ばれているという大学も、数校あった。北アイオワ大学で面接調査した学生の一人は、こう表現した。「セックスのことは、みんな話題にしないんです。ただ、やるだけ」。4章で紹介したようにジェンダー間に認識の差がある以上、これはやむをえないことかもしれない。

学生はジェンダーについては語らない。人種と同じように、問題が深刻すぎて、それに伴うストレスも大きい。ウェルズリー大学で面接した女子学生のグループは、政治的な課題と個人的な課題の矛盾に悩んでいると話した。政治的には男性との競争に勝ち「反男性の感情を強くもつ」一方、個人としては異性との関係をもちたいと思っている。この二つの課題を両立させるのは難しい。

男子学生はジェンダーについて女性ほど多く語らないし、深い考えももっていない。概して問題の存在を察知してもいないのだ。男性の場合、ジェンダー〔社会的な性差〕を話題にするか、セクシュアリティ〔肉体的な性差〕を話題にするかで、態度が大きく異なる。セクシュアリティについては話がはずむのに、ジェンダーとなると低調な議論に終始する。

女性を論じるとき、男子学生はしばしば「怒っている」という表現を使う。「フェミナチ」という語も繰り返し耳にした（ついでながら、「フェミニスト」という語は男性にとっても女性にとっても否定的な意味合いでとらえられている。耳障りで「あまりに時代遅れ」に聞こえるのだそうだ）。女性は理解できないという声も多く、「女性は別の言語でしゃべっているみたいだ」「考え方がまるで違う」などのコメントがあった。同性の目が気になるという学生もいる。北アイオワ大学の学生が残念そうな表情でこんな体験を語った。「僕はＥＲＡ〔男女平等憲法修正案〕を支持しました。そしたら、仲間から『ホモ野郎』と呼ばれた。この大学は、女性の応援をする男に冷たいんです」。就職のための競争と教室で、女性の脅威を感じるという男子学生もいる。テキサス大学アーリントン校の学生部長は、次のように見ている。「精神的外傷に苦しむ学生がたくさんいます。特に白人男性に目立ちますね。就職は厳しくなっているのに、女性とマイノリティがどんどん競争に加わっていますから。アルコールにはけ口を求めるのですが、それがエスカレートして怒りと暴力、特に性的な暴力に変わってしまうんです」。調査対象の大学の五五％でセクシュアル・ハラスメントの事例が増えており、顔見知りによるレイプや暴行未遂事件も四一％の大学で増加が認められた（Student Affairs Survey, 1997）。女性の昇進や賃金上昇を制限したり差別制度を設けることに、理解を示したり賛成する男子学生もいる。

学生はジェンダーと男女間の緊張関係を無視しようと決め込んでいるようにみえる。一番簡単な方法は、ロマンティックな要素と感情をセックスから排除することだ。こういう状況を背景に、セックスの質を量におきかえてしまおうとする傾向がある。

エイズの時代に、これは危険な考え方だ。しかし、今やキャンパスのあらゆる場所にコンドームが用意されている。学生寮、トイレ、洗濯室、健康センター、学生会館など、どこでもコンドームが手に入る。ロサンジェルス・ヴァリー大学で催されたエイズ患者のためのチャリティ・ダンスパーティでは、コンドーム入りウェストポーチをつけた熊のぬいぐるみが売り出された。カトリック大学では、学生新聞にコンドームが添付されたことがある。ジョージア工科大学の男子学生クラブには、コンドーム係（Keeper of Condoms 略称ＫＯＣ）がいて、メンバーに配布できる体制が整っている。ことによると、いつも手近にコンドームがあるのが、当たり前になっているのだろうか。ウェルズリー大学、マサチューセッツ州バークシャー・コミュニティ・カレッジ、テキサス大学アーリントン校他いくつかの大学では、箱いっぱいのコンドームが一日でなくなってしまうという話を聞いた。

調査対象の大学生ほぼ全員（九一％）が、「安全なセックス」をするために何が必要かわかっている、と回答した。しかし、活発な性生活を送っている学生のうち実際に安全策を実行しているのは、半数以下（四九％）にすぎない。時折は実行すると回答した学生は五分の一だった（Undergraduate Survey, 1993）。大学当局者と学生に対する面接調査から明らかになったのは、学生は安全なセックスに対する十分な理解をもたず、健康上のリスクと道徳的問題の区別があいまいで、自分はまず間違いなく大丈夫だという感覚をもっているということだ。オレゴン州のコンコーディア大学の学生部長はこうコメントした。「一二歳から二二歳までの若者は、まだ永遠に不滅でいられると思っている、そんな気がします」。

訪問調査で寄せられた学生の声を紹介したい。「みんな、セックスはまず安全だと思っていますよ。まともな白人学生はエイズにかからない、とね」と述べたのは、カールトン大学の学生だ。安全なセックス、あるいは相手をちゃんと選ばなければならない、ということが話題になると語った学生もいる。学生の行動パターンが変わったか、という私たちの質問に、ロサンジェルス・ヴァリー大学の二年生は笑って答えた。「去年、キャンパスで調査したんですが、大半の学生は行動が変わったと回答しました。ところが、パートナーの数は変わっていないともいうんです。ほとんどの学生が、五、六人とつき合っているようです」。エイズ問題の影響を尋ねたところ、ボストン大学の女子学生は「人を見る目が変わって、しばらく様子を見るようになった」と述べた。もっとも、多くの学生は様子を見るといっても二回目の「デート」まで、だそうだ。

次に紹介するイリノイ工科大学生のコメントに、今の大学生の意識がよく表れている。彼は言う。「エイズにかかるより、家に帰る途中で銃で撃たれる方が心配です」。この学生は恐怖と怒りを感じていた。近所を歩いていても、きわめて個人的な関係においても、自分が傷つけられるのではないかという不安をもっているのだ。彼はこうした状況が変わることを望んでいる。別の学生の言葉を借りると、「両親の頃の大学生活と、今は大違い」になってしまった。

もちろん、親の世代の学生生活を現実よりずっとロマンティックなものとして思い描いているということもあるだろう。当時の学生も、個人的な不安や社会的な緊張に取り囲まれていた。ジェンダーと人種のギャップ、キャンパスの暴力沙汰、酒やドラッグ、大学は親代わりだという窮屈な考え方、それにベトナム戦争のための徴兵など、問題は山積していたのだ。だが、今の大学生は、本当に重い問題を抱えており、前の世代には想像もつかない青春を生きている。人間関係、犯罪、学資の工面、エイズ、それに卒業後の経済的見通しなど、不安の種はつきない。大学に入った時点ですでに心理的にかなりのダメージを負っているし、人間関係の作り方も前の世代とは異なり、孤独にすごすかキャンパスの外に出てしまう。大量飲酒はしばしば性関係を伴うが、無茶な飲み方をする学生は増えている。その一方で、伝統的形態の男女交際はほとんど姿を消してしまった。働く時間が長くなり、キャンパス外に居住することが多くなったため、疎外感がいっそう深まっている。親の世代と同じレクリエーション（パーティ、スポーツ、音楽、映画、テレビ）を楽しみながらも、仕事と人間関係と大学で精一杯なのだ。そして、彼らは勉学面でも同様のプレッシャーを感じている。

6章　学問の場としての大学

――将来のための保険――

「学問は目的達成のための手段です。純粋に学問をしたいから学ぶという雰囲気ではありません」。

ジョージア工科大学生

一九七〇年代末に大学の学生部長を対象に、六〇年代と比べて大学生にどのような変化がみられるかを調査した。これに対して、七一％から学生は以前より強く就職を意識している、という回答があった（Student Affairs Survey, 1978）。この傾向は今日いっそう強くなっている。学生は安定した職に就きたがっており、四分の三が経済的に豊かになりたいと望んでいる（Undergraduate Survey, 1993）。大学教育を受ければ将来の経済的安定が保証されるわけではない、と学生も承知している。しかし、大学を出ていないといい仕事に就けないし、ましてや経済的にも社会的にもグレードが高い仕事にありつけるはずがない、という意識がある。大学を将来の危機を避ける保険の一種とみなしている、といったらよいだろう。ポートランド・コミュニティ・カレッジで、「大学出かどうかで、ホワイト・カラーになるかブルー・カラーになるかが決まる」と述べた学生がいたが、これがまさしく今の大学生の認識だ。大学を卒業すれば経済力がアップすると考える学生は五七％にのぼるが、これは一九七六年の調査結果と比べて一一ポイント高い数字である（Undergraduate Surveys, 1976, 1993）。

なぜ大学へ？

一九九〇年代の学生にとって大学へ行く最大の理由は将来職業に就くための準備であり、他の要因を大きく凌いでいる。今の学生は「課題対応型で就職に焦点をしぼっている」と、ジョージア工科大学の学生副部長は表現した。同じアトランタ市にあるモリス・ブラウン大学の学生部長も同じ見解で、こちらは「目標達成をひたすら目指す」といういい方をしている。

実際、大学入学時に特定の職業に就くことを念頭においている学生は、八五％に達する。三分の一以上（三七％）は、大学に来たことによって就職の機会が広がらないと思えば退学するつもりだ、と回答した（Undergraduate Survey, 1993）。

表６－１に示されるように、学生にとって何かの職業に就くための専門の教育や訓練が、他の要因を大きく引き離し大学で学ぶ利点の第一となっている（Undergraduate Survey, 1993）。

将来経済的に報いられれば十分に元をとれる、というのが学生の考え方だ。高等教育研究所が行った調査結果に、キャリア志向は明白に示されている。一九九六年の調査で、大学一年生の七七％はいい仕事に就くことが大学に入った最大の理由だと回答した。より大きな収入を得られるよ

表6－1　学生が大学教育から必ず得たいと考えているもの（1969, 1976, 1993）

大学教育から得るもの	「必ず得たい」（%） 1969	1976	1993	1969年比（ポイント）	1976年比（ポイント）
専門分野の詳しい知識	62	68	71	＋9	＋3
職業的訓練，技能	59	67	70	＋11	＋3
多彩な一般教養	57	57	57	0	0
価値観や人生の目標の確立	71	62	50	－21	－12
人間関係の作り方	76	66	47	－29	－19

出所：Undergraduate Surveys（1969, 1976, 1993）

うにするためとした学生は、一九七六年の調査より一八ポイント増えて七一%であった（Astin, Parrott, Korn, and Sax, 1997)。

キャリア志向と並んで目立つのは、人間関係の結び方を学ぶとか自分の価値観や人生の目標を形成するといった、いわば精神的な要因を大学進学の目的にあげる学生の激減だ。一九六〇年代にはこのような個人的かつ哲学的な要因が進学の主な理由を占めていたが、今ではリストの一番下にかろうじて残っている程度である。

この傾向は学生の年齢、人種、ジェンダー、フルタイム学生かパートタイム学生か、在籍している大学のタイプなどの条件にかかわらず、全体に共通してみられる。他の進学理由については学生の種類により重点のおき方にかなりの差があるが、就職の条件を有利にするという点に関しては一致した調査結果が得られた。

これは驚くには値しないだろう。5章で述べたように、国の経済が振るわないなか、学生は将来いい職業に就ける保証がないという不安をもっている。アメリカ人の四分の三までが、家族や知人の失業を経験している時代だから（Sanger, 1996）、大学生が自分の将来を心配して就職に備えようとするのも無理はない。「大学はでたものの職に就けない人を、何人も知っていますから」というドレイク大学生の言葉が、状況を端的に物語っている。さらに、多くの学生（六〇％）が学ぶ傍ら働き、フルタイムの仕事をもっている学生も相当数にのぼる現状（二四％）では、在学中から就職に対する意識が強くなるのは当然といえる（Undergraduate Survey, 1993）。特に、フルタイムの仕事をもつ学生の場合、学びながら働くというより、何とかやりくりをして学業を生活に押し込んでいるのが実情だ。労働時間の長短にかかわらず、仕事をもっている学生にとって、友情を暖め哲学的瞑想にふける贅沢を味わう場としての大学などという概念は、過去の遺物にすぎない。

就職の厳しさを一番深刻に受けとめているのは、女子学生であると思われる。男子学生の卒業率が四三％であるのに対して女子は四九％で、何年かかっても学位取得まで頑張る傾向がある。忍耐強いばかりでなく、男子学生より卒業が早いことも確かだ。四年で卒業する男子学生は三七％、女子の場合は四三％と差がみられる（Astin, Tsui, and Avalos, 1996）。しかも、就職条件を有利にするため、大学院に進んだり専門職の資格を取得することにも熱心だ。一九八四年以降、女子大学院生の数は男子をしのいでおり、九四年の時点では女子の方が二一％も多くなっている。一九八四年

表6－2　どの学位まで取得したいか（1976，1996）

	「取得したい」1年生(%)					
	全　体		男　性		女　性	
取得したい学位	1976	1996	1976	1996	1976	1996
取得しない	3	1	3	1	3	1
職業資格，免許	—	1	—	1	—	1
準学士号	8	4	7	3	10	4
学 士 号	36	26	34	28	37	25
修 士 号	29	39	28	38	29	39
文学博士号，教育学博士号	9	15	10	15	8	15
医学博士号，歯学博士号，獣医学博士号，検眼博士号	7	9	8	8	6	10
法学博士号	5	4	6	4	4	4
神学士号，神学博士号	1	＜1	1	1	＜1	＜1
そ の 他	3	2	3	2	3	2

出所：Data from Astin, Parrott, Korn, and Sax（1997）

から九四年の一〇年間に、女子大学院生の増加率はフルタイム学生の場合男子の二倍、パートタイム学生の場合ほぼ四倍に達した（U. S. Department of Education, 1996b）。

野心的になったのは女子学生だけではない。過去二〇年間に、男女を問わず学生は最終的により高い学位を目指すようになった。事実上、学士号ではなく修士号をもっていることが専門職につく最低条件、と学生は受けとめている。大学一年生の段階で学士号が最終目標だとする学生の割合は年々減っており、修士号さらには博士号やその他の専門職の資格取得を初めから希望する学生が増えている（表6－2）。

このような抱負を、理想に燃える一年生の夢として片づけることはできない。現実は希望したほどにはいかないのが常だが、学生が上級学年に進み、さらには大学院に進学すると、夢は実現に近づく。一九八四年から九四年までの一〇年間に授与された修士号は三六％、博士号は三〇％も増えた（U. S. Department of Education, 1996b）。同じ一〇年間に大学院進学のためにＧＲＥ（Graduate Record Examination）を受けた学生は増え続け、ピークの一九九二年には大学四年生の三六％が受験した。徴兵猶予を得ようとした学生が殺到したベトナム戦争中の一九七一年に、四年生のＧＲＥ受験率は三五％を記録したが、それをさらに上回る高い数字である（U. S. Department of Education, 1996b）。

就職に対する学生の意識は、専攻分野にも表れている。表6－3に示されるように、職業に直結した分野を専攻する学生が六〇％にのぼる。経営、教育、それに医療と健康関係のように、将来就職が有望そうで他に比べて安定した保証があると思われる領域に学生が集中している。

表6－3　専攻別学位授与数（1975-76，1985-86，1993-94）

専攻分野	学位授与数と増減(%) 1975-76	1985-86	1975-76比 1985-86の増減(%)	1993-94	1985-86比 1993-94の増減(%)
建　築	9,146	9,119	0	8,975	−2
農業，資源	19,402	16,823	−13	18,070	+7
生物，生命科学	54,275	38,524	−29	51,383	+33
経　営	142,034	237,319	+67	246,654	+4
コミュニケーション	20,045	41,666	+108	51,164	+23
コンピュータ，情報科学	5,652	41,889	+641	24,200	−42
教　育	154,437	87,114	−44	107,600	+24
工学技術	38,388	76,225	+99	62,220	−18
先端技術	7,943	19,435	+145	16,005	−18
英語・英米文学	42,006	34,552	−18	53,924	+56
外国語・外国文学	16,484	10,984	−33	14,378	+31
医療，健康	53,958	64,396	+19	74,424	+16
一般教養	18,855	21,336	+13	33,397	+57
数　学	16,329	17,147	+5	14,396	−16
学際研究	13,588	13,489	−1	25,167	+87
哲学，宗教	8,447	6,239	−26	7,546	+21
自然科学	21,465	21,717	+1	18,400	−15
心理学	50,278	40,628	−19	69,259	+70
行政学	15,440	11,887	−23	17,815	+50
社会科学，歴史	126,396	93,840	−26	133,680	+42
芸　術	42,138	37,241	−12	49,053	+32

出所：U. S. Department of Education（1996b, p. 274）

ビジネス、工学技術、法律などの世界を目指す学生クラブがキャンパスに組織されているのは、学生の熱心な取り組みを反映する現象だ。クラブの数、学生の参加率ともに急激に伸びている。学生部に対する調査で、七八％の大学にこの種のクラブが存在し、今キャンパスで最も規模が大きく人気の団体であることがわかった。学生部長の四〇％が、その大学で一番会員が多い団体として、各種の職業研究会をあげている（Student Affairs Surveys, 1992, 1997）。

このように、学生の関心が就職と経済的成功に向いていることは確かなのだが、その一方でこの現象がもう行き着く所まで来てしまったと思われる兆しがみえる。経営学を専攻する学生は何年も増加を続けたが、今は頭打ちだ。一九七六年から八六年の一〇年間に、経営学専攻者は六七％も増えたが、それ以降九四年までの増加率はわずか四％にすぎない。工学技術専攻者は一九八六年から九四年の間に一八％減少、コンピュータと情報科学の分野に至っては四二％の大幅減である。ところが、それほど就職に直結するとは思えないリベラルアーツの英語・英米文学や心理学といった分野は、かなり学生が増えている。その増加率は英語・英米文学で五六％、心理学で七〇％に達する（U. S. Department of Education, 1996b）。

もう一つの傾向として、学生が大学教育に「同時代的視点」を取り入れるよう望んでいることがあげられる。一九六〇年代の「さあ一緒にTシャツをしぼり染めしよう」的な同時代性とは違う。学生は、自分たちを取り巻く世界全体が変化しつつあると感じている。だから、カリキュラムを新しく改訂して、今起こっている変化を論じたいという希望をもっているのだ。カリフォルニア大学サンタ・バーバラ校の三年生が言った「教授陣は同じことばかり教えているわけにいかないでしょう。世界が変わっていくのを無視することはできないはず」という言葉が、学生の意識をよく表している。学生の間に社会的行動主義が広がっている現状の反映とみることもできるだろう。

学生にとって勉強とは

訪問調査を行った際に、その大学では学生がどの程度真剣に勉強に取り組んでいるか、という質問を学生にぶつけてみた。返ってきた答えは、何をして遊ぶかという問いに対するのと同様、まさに千差万別だったが、特に意外な答えはなかった。どれほど真剣に勉強しているかは大学によって異なるし、特定の学生集団、あるいは一年のどの時期に調査をしたかによっても違いが出てくる。次のようなコメントが得られた。

「だいたい半分の学生は、あまりまじめに勉強していませんね。でも、もう半分は本当に真剣です。成績優秀で表彰されるし、勉強に熱中しています。一度社会に出てから入学した人は、とても熱心ですね。誰のためでもなく、自分のために勉強しに来たという意識が強いですから」。

バークシャー・コミュニティ・カレッジ生

「一、二年生の時は、友達を作る方に一生懸命で、勉強はそこそこという人が多いです。でも、一、二年生でも目標がはっきりしている人は別です」。

ミネソタ大学生

「一、二年生は高校の延長みたいな感じです」。

「自分の力で学費を払っている人は真剣です」。

ポートランド・コミュニティ・カレッジ生

「経済学や会計学は厳しいですから、専攻している人は一生懸命です。でも、教育学専攻は冗談みたいに楽といわれています」。

コンコーディア大学生

「マイノリティはまじめに勉強します。ある種の苦闘といってよいでしょう」。

北アイオワ大学生

「大半の学生はまじめに勉強します。でも、春が来る頃には、いい加減うんざりしてしまうんです。その頃には要領もよくなっていますしね」。

マンハッタン大学生

「みんなまじめに勉強しすぎだと思う。すごいストレス」。

イリノイ工科大学生

「みんな勉強にも遊びにも熱心ですよ」。

ウェルズリー大学生

「四年の間、最初は一生懸命勉強して、次に知性を磨いて、最後に学んだことの意味を理解する、という具合に段階を踏んでいくんです」。

カトリック大学生

カールトン大学生

このように列挙しても何がわかるというわけではなく、むしろ新たな議論の種を提供するだけかもしれない。要するに、色々なケースがあるということだ。私たちが訪れたなかには勉強が厳しくてレベルの高い大学もあったし、逆に勉学面が弱くて教員も学生も互いに無理な要求はしないでおこうという暗黙の了解がみられる大学もあった。

興味深いのは、どこの大学でも学生は自分はよく勉強している、あるいは勉強していると思う、と口をそろえることだ。そう答えた学生は、実に八七％にものぼる。一九七六年の八一％、一九六九年の四九％という数字と比べても大きな数字だ。これとほぼ同じ八三％が自分はインテリであると回答した。一九七六年から一九ポイントの上昇である（Undergraduate Surveys, 1969, 1976, 1993）。今の大学生が勉強したいからするという世代ではないことを考えると、意外な結果だ。学生にとって勉学は手段である。そこで、一生懸命頑張ることと知性を得ることは区別されない。時間をかけさえすれば目標は達成されたと考える。質と量を混同しているのだ。

だが、私たちはそんななかで学生が勉強に熱心かどうかをかなり確実に見分ける方法を発見した。野球帽で見当をつけられるのだ。あるレベルの高い大学で医学部進学課程の厳しい勉強に悪戦苦闘中の女子学生が、こんな法則を教えてくれた。「ある授業で受講者が野球帽をかぶっている割合は、その授業のレベルに反比例する」。ある比較的規模の小さい大学の学生部長も、同様の観察を披露してくれた。「平均の成績がCの学生は野球帽を前向きに、Dの学生は後ろ向きにかぶっていますね」〔ジェネレーション・Xの若者は、抵抗の姿勢を示す印として野球帽を後ろ前にかぶるといわれる〕。

野球帽の法則はさておき、学生の努力は特別の対価で報われている。それは、成績だ。成績は気にしないという学生は七％しかいない。成績がどれほど正確に到達度を表すかについては自信をもてないものの（内容をよく理解できていなくても良い成績をとることがあるのだという）、成績評価をなくせばアメリカの教育は改善できるという意見に賛成する学生は二一％にとどまる。一九六〇年代には、半数以上（五七％）が「そう思う」と回答した（Undergraduate Surveys, 1969, 1976,

表6－4　成績に関する学生の意識（1969，1976，1993）

学生の意識	「そう思う」（%） 1969	 1976	 1993
思うような成績を取れていない	71	58	60
成績を実際より低く評価されている	54	59	60
教科内容をよく理解していなくてもいい成績をとることは可能だ	44	61	59
成績評価をなくせばアメリカの大学教育はよくなる	57	32	21
成績は全く気にしていない	12	11	7

出所：Undergraduate Surveys（1969，1976，1993）

表6－5　学生のGPA（学業平均値）（1969，1976，1993）

累積GPA	該当する学生（%） 1969	 1976	 1993
A＋もしくはA	2	8	13
A－	5	11	13
B＋	11	18	18
B	17	22	21
B－	19	15	13
C＋	23	15	12
C	18	10	7
C－以下	7	3	2
A－以上	7	19	26
C以下	25	13	9

出所：Undergraduate Surveys（1969，1976，1993）

1993)。学生は良い成績をとりたいと思い、そのためにプレッシャーを感じている。ところが、成績のインフレーションが進んでいるおかげで、今は過去に例がないほど容易に好成績をあげられるという現象が生じているのは皮肉だ。成績に対する学生の考え方は表6－4にまとめた通りである。

この三〇年間に、「紳士のC」〔まあまあの評価、しばしばお情けで及第させてもらう場合〕と呼ばれた成績が、「紳士のA」に変わってしまった。というのは、成績表につけられたCの数とAの数が逆転したからだ。一九六九年には平均成績がAマイナス以上という学生は七%しかいなかったが、一九七六年には一九%にまで増え、一九九三年には二六%にのぼっている。逆に、平均成績がC以下の学生は、同じ期間に二五%、一三%、九%と、減り続けている（表6－5）。

成績インフレーションは目新しい現象ではないし、大学だけにみられるものでもない。これは、一九六〇年代の進歩的な論議に端を発する。六〇年代の後半はベトナム戦争（特に徴兵される恐怖）が大きな要因として影響した。今日みられる成績インフレーションには多くの理由がある。まず、一度社会に出たやや年齢の高い学生が増えていることがあげられる。こういう学生はたいてい真面目で目的もはっきりしているからだ。大学側が学生の消耗を恐れていることも一因だろう。成績がよければもらえる奨学金が増えているため、常に成績を高レベルに保っておかなくてはならないという学生も多い。成績をめぐり学生が訴訟をおこすのではないかという懸念も、評価に影響を与える。また、大学院ではAかBの成績を取らないと話にならないが、同じ風潮が学部レベルにも広がり、教員が学部生を大学院生と同じ基準で評価する傾向もみられる。

成績インフレーションが起きているにもかかわらずというのか、あるいはだからこそというのか、

表6－6　「自分が望む成績をあげるためには何らかの不正行為が必要」とする学生（大学のタイプおよび学生の分類別）（1993）

分　類	「そう思う」(%)
全 学 生	8
大学のタイプ	
2 年 制	5
4 年 制	9
総合大学	11
通学条件	
フルタイム	9
パートタイム	3
ジェンダー	
男　性	10
女　性	5
居住条件	
学 生 寮	11
キャンパス外から通学	6
年　齢	
25歳以下	10
26歳以上	3

出所：Undergraduate Survey（1993）

不正行為が大きな問題となっている。ただし、メディアがこぞって報道しているほどひどい状態ではない。報じられているような不正行為の広がりは、私たちの調査では確認されなかった。一つには、不正をはたらかなくても落第はしないようになっているということがある。しかし、学生部長の約五分の一（二一％）は、過去一〇年間に不正行為の件数が増えたと回答した。四年制大学での増加率（三〇％）は二年制（一二％）を大きく上回っている（Student Affairs Survey, 1997）。また、学生の八％は、何らかの不正をはたらかなければ自分が望んだ成績を取れない、とした。この数字に関しては、大学や学生の種別による違いは少ない（表6－6）。

不正行為を認める学生の割合は、一九六九年以来ほとんど変わっていない。特に、一九七六年から九三年の間をみると、一ポイント弱減っている程度である（Undergraduate Surveys, 1969, 1976, 1993）。ところが、驚いたことに学生部長の四人に三人までが、学生がレポート・論文作成にあたって不正行為をしても罪悪感をもたない、と指摘しているのだ。「二〇年前はこうしたことはあまり深刻ではありませんでしたが……今では状況の変化に応じて善悪の基準も変わってしまいます」とはある学生部長の言葉だが、学生が感じる「うまくやらなければならない」というプレッシャーの大きさと、失敗を恐れる気持ちの強さを反映する現象といえるだろう。正直さや誠実さは、相対的な概念になりつつある。今や学生が唱えるお題目の「何でもあり」という言葉が、こうした現実を表している。学生が確実に頼れるものはあまりないのだ。

思うようには進まない勉強

あまり苦労しないでよい成績をとってしまう一方、勉強についていけない学生が多いという不可解な事実がある。以前に比べ、入学時の学力は低下し、補習を受けなければならない学生が増えている。過去一〇年間に補習や入門講座を受講しなければならない学生が増えたとする学生部長は四分の三近く（七三％）に達し、二年制では八一％、四年制でも六四％にのぼる。今の大学生の三分の一近く（三二％）が文章読解、作文、数学の基礎講座もしくは補習を受けた経験をもつが、一九七六年の二九％と比べてやはり増加している（Undergraduate Surveys, 1976, 1993）。志は高いものの、大学での学問の厳しさに耐えられるだけの学力をもたずに入学してくる学生の割合が確実に大きくなっているのだ。「大学なんてチョロイと言った人を銃で撃ってやりたい」と嘆くイリノイ工科大学生がいた。一九九五年の調査によると、アメリカの全大学の四分の三以上で、文章読解、作文、数学の補習講座が開講されている。一九九〇年から九五年までの五年間に、このような講座の受講者が増えたという大学は三九％で、減少したのは一四％しかない（U. S. Department of Education, 1996d）。

「教員は学生の知識のなさに唖然としています」と認めたのは、タンキス・コミュニティ・カレッジの学生だ。高等教育研究所の調査によると、大学生の学力が「非常に優れている」とした大学教員は四分の一に満たず（二四％）、「まあまあ」と「十分」という回答が合わせて半数弱（四八％）を占めた（Sax, Astin, Arredondo, and Korn, 1996）。私たちの調査では、教員の四五％が以前に比べ学生の学力に問題があると感じている。その割合は二年制大学で三七％であるのに対し、四年制では五三％と数字が大きくなる（Student Affairs Survey, 1997）。

学力不足を補習で補わなければならないという状況以上に深刻な問題がある。それは、学生が最も効果的に学ぶ方法と教員の教授法の間に存在するギャップだ。ミズーリ大学コロンビア校のチャールズ・シュレーダーは、今の大学生の過半数にとって最も効果が高い授業法を研究した。その結果、「直接的かつ具体的な経験を通して学べるよう配慮し、構成はしっかりと、直線的アプローチをするのがよい。学生は実際的ですぐに役立つ要素を重んじ、目に見える世界に関心が集中している」という結論を得た。その一方で、教員の四分の三は「個別の事象より全体を総括することが多く、概念、思想、抽象化に傾きがちだ。そして、学生にも自分たちと同じように高い程度の自律性を求めている」。一言でいえば、学生は具体的な問題について、能動的に学びたいと考えている。ところが教員は、抽象論を受け身で聞くのが当たり前という意識をもっている。このようなギャップが存在するため、学生・教員の双方とも苛立っており、本来は学生の学習法の「自然な」違いに起因する現象を、教員の側が力不足と解釈してしまう傾向を、シュレーダーは指摘している(Schroeder, 1993, p. 25)。

このように認識がくい違っているため、教員は学生の学力が年々低下していると考え、学生の側は授業が理解できない。特に、教員は学生の学力不足を問題視している。一九九七年の調査で、七四%の大学で教員の学生に対する不満が高まっているという結果がでた。二年制(七二%)と四年制(七七%)で差はほとんどない。

これは、卒業までにかかる年数が増えている一因でもある。四年で卒業できるのは五人に二人に満たない(Astin, Tsui, and Avalos, 1996)。二八%が学士号取得に五年かかっている(U. S. Department of Education, 1996a)。四年で学士号をとるのは今や珍しいのが実情だ。公立校やレベルのあまり高くない大学ほど、この傾向が顕著である。一九九〇年代になってから、四六%の大学で学士号取得にかかる年限が長くなっている。二年制(四八%)の方が四年制(四三%)よりその割合が少し高い(Student Affairs Survey, 1997)。

四年以上かかって卒業する傾向が強まっている理由の一つは、パートタイム学生と長時間働く学生の増加だが、その他に次のような要因がある。補習に時間がかかること、学費の急激な値上がり、

表6－7　大学生の満足度（1969, 1976, 1993）

学生の満足感	「そう思う」（%）		
	1969	1976	1993
大学生活に全体的に満足している	62	71	79
今は他のことをするより大学生活を送りたい	69	69	75
大学教育に満足している	67	72	81

出所：Undergraduate Surveys（1969, 1976, 1993）

それに特に大規模な公立校では必修授業のコマが不足している上に開講時間や開講順序が学生にとって不親切などが考えられるだろう。

学生の満足度

これだけ学生と教員の認識に差があれば、学生にとって大学生活は人生最悪の時だと思われるかもしれない。ところが、そうではない。ほとんどの学生は、全体として大学に満足しており、他の何をするより大学生活を送っていたいと考えている（Undergraduate Survey, 1993）。大学に満足している学生の割合は、一九七六年の時点ですでにかなり高かったが、それ以降も確実に上昇している（表6－7）。

大学での教育内容に関しては、学生の満足度はさらに高い。大学教育の質の低さを取り上げる報道が溢れるなか、私たちが面接調査をした学生は、教員は親切で喜んで助けてくれる、と繰り返した。「この大学では単位を落とす方が難しいんです」とは、カトリック大学の女子学生のコメントだ。彼女曰く、「苦労をしていることがわかると、先生が助けてくれますから」。

このコメントを裏づける全国調査の結果が出ている。学生のほぼ三分の二（六五％）は、学生の勉強の進み具合に個人的な関心を寄せる教員がいる、と考えている。また半数以上が、大学で勉強するにあたり大きな影響を受けたり個人的な問題も相談できるような教員に出会った、と回答した（Undergraduate Survey, 1993）。面接調査では、学生は口々に教員が個人的に配慮を示してくれた経験を語った。ある四年生女子は、マイクロ波分光学の指導を受けている、大好きな化学の教授のことを夢中で話した。この先生は彼女にとって教員であるだけでなく、すぐれた指導者であり、個人的に影響を受ける役割モデルでもある。しかも、彼女が出場するダイビングの試合を見に来てもくれるのだ。モリス・ブラウン大学では、奨学金がおりるまで学費の援助をしてくれた教員のことを尊敬と感謝の念をもって語る学生がいた。「多くの教員は学生にとって母親、父親、姉、兄のような存在です」とこの学生は言う。

学生にとって、このような教員との関わりは感情面だけでなく勉学面でもプラスに作用している。学業面での成果は授業外に教員と話をする時間の長さに比例し、また教員が学生の指導に熱心な大学ではドロップアウトしないで卒業に至る率が高いという研究があるが、このような傾向が指摘されるのは当然といえよう（Astin, 1993）。アメリカには様々な校風の大学があるが、人間関係はどこに行っても重要な要素なのだ。

表6－8に示されるように、学生はカリキュラムにも満足している。カリキュラムの構成、授業内容、教育に対する信頼度など、いずれの面でも大学側の取り組みは的確であると評価している。

表6－8　大学教育の諸制度に関する学生の見方（1969, 1976, 1993）

大学教育の制度	「そう思う」（%） 1969	1976	1993
教員の昇進は著書や論文でなく，授業で決まるべきだ	96	94	91
異文化に関する授業を必修にすれば大学教育は改善される	－	－	59
アメリカ国内で1年間の地域社会奉仕を義務づければ大学教育は改善される	－	－	41
専門教育より幅の広い一般教育に力点をおいた方が大学教育は改善される	40	31	31
私の大学で教えられている内容の大半は外の社会でおきていることと無縁だ	42	29	28
全科目を選択制にすれば大学教育は改善される	53	35	22

出所：Undergraduate Surveys（1969, 1976, 1993）

一九六〇年代とは異なり、変化を期待する学生は減っている。

とはいっても、改善の余地がないということではない。異文化研究の授業を必修にすることや、一定期間の社会奉仕を義務づけるという案は、かなりの支持を集めている。著書や論文ではなく、いい授業をするかどうかで教員の昇任を決めるべきだという考え方には、ほぼ全員が同意している。

大学教育に対する学生の満足度は驚くほど高い。大半の学生はあまり変化を望んでいないし、全く変わらずこのままがよいという声もある。そして、他のことをするより、今は大学生活を送ることが一番うれしいと思っている。大学を卒業していればいい職に就ける保証があると考えているわけではないが、大学を出ていなくても大丈夫だとは思っていない。将来のための「保険」として大学へ行ったことを後悔している大学卒業者には、お目にかかったことがない。だから、大学は学生の社会的期待に応えていないにしても、勉学面では十分に満足させているといってよいだろう。

もう一度まとめておくと、学生の学問への意欲は、就職に備えるという一点に集中している。大学の選び方、専攻分野の決め方、長期的な計画など、様々な面に就職への関心が表れている。大学院や法学・医学などのプロフェッショナル・スクールへ進もうと頑張る者が増えているが、彼らの念頭には希望の職業に就ければ経済的に報われるという期待がある。大半の学生は一生懸命勉強しているか、あるいは自分ではそのつもりでいるが、努力することと知性を獲得することを混同しがちだ。誰もが努力のご褒美によい成績を取ろうとし、実際それは難しいことではない。一九六〇年代以来一貫して成績インフレーションが続いているからである。

しかし、成績はあがっているものの、学力に深刻な問題のある学生が多いのが現状だ。補習が必要な学生は増え続けており、また教員の教授法と学生の学習法の間にずれが生じてしまった。そのため、互いの苛立ちは高まっている。それでも、大学での勉強に学生は満足しており、特に教員に対する満足度は過去に例がないほど高い。大学に入ったことによって、将来の成功へ向けて第一歩を踏みだしたと感じる学生が多い。テキサスとオレゴンで、「目標をはっきり」「夢を追いかけよう」と言った学生がいたが、それが今の大学生のモットーだといえそうだ。

7章　将来の展望

――経済的成功か社会的貢献か――

「……両親の世代には、たかがＢＭＷを買うために一週間に八〇時間も働くのはまっぴらごめんという私たち二〇代を理解することができません。自分たちが創り出したカウンター・カルチャーに私たちが興味をもてないことも、信じられないようです。そして、あの頃の革命とはまるで無関係という顔で、今はジョギングに熱をあげています。では、私たちの世代はいったい何をなすべきでしょう。前の世代から受け継いだダメージを、どう回復したらいいのでしょうか。今日卒業する皆さん、答えは簡単です。答えは……答えは……私にはわかりません」。

映画「リアリティ・バイツ」ヒロイン、リレイナ・ピアス
卒業生総代のスピーチより

今の大学生ほどアメリカン・ドリームを信じたいと強く願った世代は、過去に例がない。彼らはいい仕事に就きたいと思っている。表７－１に示されるように、五八％がビジネス、法律、医学、工学技術といった分野の専門職を望んでいる。一九七〇年代に比べ、八ポイントの上昇をみ

表7－1　学生が将来就きたいと考える職業（％）（1976, 1993）

職業分野	1976	1993
商業，広告業，経営	22	23
医　療	16	17
工学技術，コンピュータ	10	13
小・中学校教員	12	11
法　律	4	7
社会福祉	8	7
大学教員，研究職	5	6
芸　術	3	5
文筆業，ジャーナリズム，放送	2	5
農業，自然保護，エコロジー	2	4
家事（フルタイム）	1	2

出所：Undergraduate Surveys（1976, 1993）

た（Undergraduate Survey, 1993)。

　また、結婚生活に対する期待が高いのも特徴だ。九二％がパートナーとの良好な関係もしくはよい結婚生活が、自分にとって重要だとしている（Undergraduate Survey, 1993)。

　今の大学生は、将来子供が欲しいとも考えている。家庭をもちたいと回答したのは七八％で、一九七六年から四ポイント増えている（Undergraduate Survey, 1993)。

　経済的な成功をおさめ物質的に恵まれたいという気持ちも強い。経済力をもつことは自分にとって最も重要あるいは非常に重要だとした学生は七五％にのぼるが、これは一九七九年から一二ポイント以上の上昇である（Astin, Parrott, Korn, and Sax, 1997; Undergraduate Survey, 1993)。

　少なくとも両親と同等の経済力をもちたいという考えもある。その割合は七二％にのぼるが、実際に面接調査をしたところ、それ以上の学生が自分は両親よりも幸せになれるはずだと語った（Undergraduate Survey, 1993; Campus Site Visits, 1993）。

なぜ両親と同等もしくはそれ以上の成功をおさめたいと考えるのか尋ねてみると、学生は両親の若い頃より恵まれている要素をいくつかあげた。マンハッタン大学のある学生は「父は子供たちをみんな大学にいかせてくれました。父自身はいかなかったので、その点で私の方が有利なスタートをきれたと思います」と話した。コロラド大学では、こんな学生がいた。「私は今の時点ですでに、両親を追い越したと思います。学歴の面では追いつき追い越しましたし、仕事の面でもそうです」。北アイオワ大学で会った学生は、職業のことだけでなく、プライベートな面にも言及してくれた。「両親より私の方が、よりよい職に就きたいという意志を強くもっています。それに、順応性も私の方があります。配偶者とも、私ならもっとうまくやれると思います」。

このように将来の成功を思い描きながらも、彼らは揺れ動いている。夢をかなえたい気持ちは限りなく大きいのだが、それが実現できないのではないかという不安も広がっているからだ。意欲的な反面、弱気になっているところがある。

希望

将来を楽観しているか悲観しているかを学生に尋ねてみた。一〇人に九人近く（八八％）は、自分個人の将来は楽観していると回答した。この数字は前回の調査から三ポイント下がっているが、それでも驚くほど高い（Undergraduate Surveys, 1976, 1993）。学生の口から繰り返し、次のようなコメントが聞かれた。

「何でも見てやろうと思っています」。

「私を止めるものは何もありません」。

「両親は、何でもできるという自信をもつように、私を育ててくれました」。

「神さまは私のために計画をたてていて下さって、その通りになるはずです。つまり、それが私の人生にとって最善の計画だということです」。

「何だってやってみせます」。

「幸せになる自信があります。一年前に、銃で胸を撃たれて、これでもう終わりだと思いました。今は命がどんなに尊いかわかっていますし、きっと幸せになります」。

「先のことは楽観しています」。

「私は強い自我の持ち主です。いろんな分野の才能に恵まれていますが、努力も忘れていません。うまくやっている自信があります」。

「私自身の人生ですから、思う通りに生きればいいんです。陽のあたる場所を目指していきます」。

このような学生の意識は、ベンジャミン・フランクリン〔一七〇六―九〇 政治家・外交家・科学者〕や植民地時代のピューリタンの頃からアメリカにある価値観に対する根本的な信頼と不可分の楽観主義といえよう。学生の五人に四人近く（七九％）が、頑張れば必ず報われると信じている（Undergraduate Survey, 1993）。その気持ちを彼らは次のように表現した。

「一生懸命やれば、何だってできますよ」。

「頑張りさえすれば、これまでもやりたいことは何でもできました」。

「想像力と意欲が足りないとだめですが、それさえあれば、あとは一生懸命頑張れば大丈夫」。

「アメリカでは、努力することにこそ価値があるんです」。

学生は誰しもこのように考えているということはできない。どの面接グループにも、努力は報われるという考え方を否定する学生が必ずいた。そういう学生は、「ものをいうのはコネ」「みんなが同じ土俵で闘っているわけではない」「あらかじめ有利な人とそうでない人が決まっている」「頑張ればうまくいくなんて、ただのつくり話」などとコメントした。そういう場合、自分自身が属する集団が特に不利だという声が聞かれた。白人は今やもうチャンスに恵まれず、黒人は差別され、女性は疎外されており、中東出身者は他民族に比べ不利な取り扱いを受けている、という具合だ。しかし、頑張れば個人として成功できると考える学生が、圧倒的多数を占める。外国人留学生は特にそうで、彼らは異口同音に、まるで呪文を唱えるかのように、こう語る。「アメリカは無限のチャンスに恵まれる国。アメリカ人は、他の国に比べて自分たちがどれだけ恵まれているか、わかっていない。私はアメリカ人ではないが、ここが世界で一番いい国だと信じている」。

唯一意見が分かれたのは、個人としての成功とは一体何か、という点だ。学生には、経済的に成功したいという気持ちと、社会のために役立ちたいという気持ちがあり、その二つの間で引き裂かれている。すでに述べたように、経済的に恵まれたいと願う学生が圧倒的に多いが、その一方で善行を積み他人を助けたいという学生は九五%にのぼる。八人に五人は社会的に意味のある貢献をできる職業に就きたいと望んでいることも、調査で明らかになった（Undergraduate Survey, 1993）。こんなことをいった学生がいる。「私の世代にとって、教員になるということは平和部隊〔アメリカから開発途上国に派遣され、産業の指導・援助を行う〕に入るのと同じことなんです」。つまり、教員も平和部隊も、給料は安いが必ず社会の役に立つ職業という意味だ。学生にとって、経済的に成功することと社会の役に立つこととは、矛盾する目標である。社会的に意味のある職業は給料が安いというのが学生の一般的な理解で、給料の高い職業は社会的貢献と対照的なところに位置するととらえられている。もっとも、例外があると主張する学生も時折いた。ある学生は、さびれた地域に生産性の高い工場を作り操業を開始するのは、考えられる限り最も利他的な仕事だといった。確かにそうかもしれないが。

経済的成功と社会的貢献を同時に実現する、あるいは同時とはいかないまでも両立するためのアイディアを、多くの学生が出してくれた。いくつかの例を紹介しよう。

「社会的に役立てば、経済的にも報われると思います」。

「私の父が手本です。父はビジネスで成功しましたが、決してお高くとまっていません。ホームレスの人たちを、自宅に連れてくるんです。父はよいことをしていると思います。両方できるんですよ」。

「社会に貢献するためには、まずある程度の経済力をもたなくてはなりません。お腹のすいた人に社会を変えることはできませんから」。

「お金がないと、たいしたことはできないと思います」。

「自分の時間を社会のために使うことはできますし、将来はお金も出せるようになると思っています。経済的な貢献をして、最終的には精神的な役に立てるようになるのではないでしょうか」。

「毎朝鏡に映る自分の姿をみて、私の教育のために両親がどれだけ大きな犠牲をはらってくれたか考えます。弱かったらだめです。世界を揺り動かすぐらいの力がないと、意味のある貢献はできません。やることすべてにインパクトがないといけないと思います」。

ところが、いざ実行となると、学生はどうやってこの二つの目標を両立させたらよいのかわからなくなってしまうのだ。

この問題に関して、ディストリクト・オブ・コロンビア大学で非常に激しいやりとりがあった。グループ面接を行った一四人の学生は、物質的に成功し、かつ自分たちが生まれ育った概して貧しい黒人コミュニティに何らかの貢献をしたい、という点でだいたい意見の一致をみた。アメリカ中の大学生の例にもれず、グループの大半は地域社会で奉仕活動に参加していた。

面接担当者から学生に対して、どのようにして両方の目的を達成するつもりか、という問いかけをした。ある女子学生は、弁護士になって大きな法律事務所で働き、その上で地域社会に貢献したい、と発言した。そうすれば、法律的な面で援助できるし、お金も出せるし、自分の時間をそのために使うこともできる、というのだ。すると、他の学生が一斉に彼女を批判し、こんなことをいった。「どうするつもり？ＢＭＷで乗りつけて、さあ皆さんのお役に立ちたくてやってきました、なんていうわけ？」また、費用を払えないような貧しい人の地域に入りびたっていては、法律事務所がいい顔をするはずがない、という指摘もあった。さらに、仕事が忙しくて地域奉仕の時間などあるはずがないし、彼女自身そのコミュニティの一員でなくなってしまうだろう、という意見もでた。そういう仕事に就けば人間が変わるものだから、次第にコミュニティから離れるのが当然で、どこか他の場所に移り住み、お金だって「郊外の高級アパート、洋服、ＢＭＷ、家族」などのために使ってしまうというのだ。

未来の女性弁護士は一つひとつの指摘に反論していった。初めは鼻で笑って相手にもしなかったのだが、次第に声を荒らげ、最後にはすっかりしょげて白旗をあげ、みんなのいう通りだと認めた。そして、自分にはどうしたらいいかわからない、とつけ加えたが、答えをだせる人は一人もいなかった。大学を卒業してからひとまず地域社会に戻り奉仕活動をし、それからプロフェッショナル・スクールに入るという案や、地域社会に住み続けながら弁護士などの専門職として働く可能性は、非現実的だとして退けられた。専門職をもちながら、奉仕活動（家庭教師、病院の仕事、施設の手伝いなど）のために一週間に何時間かを割くというアイディアにも、そんなことをしても仕方がないという顔をしているようにみえた。

結局、二つの目標を充実した内容で両立する方策を、このグループは見出すことができなかった。経済的な成功は諦めたくないし、社会的な責任を放棄する気持ちもない。どちらか一方に走るのはいやだと思っている。長者番付にのる必要はないが、マザー・テレサみたいになるつもりもない。両方をバランスよく実現したいが、どうしたらそれができるかわからない。経済的成功と社会的貢献の一方を選びたくはないが、経済的成功の方がより魅力的な選択であるのは確かで、最終的には一つを選ばざるを得なくなった。彼らが何にも増して恐れたのは、どちらの目標も達成できない状況に陥ることだった。グループのやりとりは緊迫し、参加者は次第に声が高くなり、怒りの叫び声まであがったが、最後はみんな黙ってしまった。経済的成功と社会的貢献という二つの目標の拮抗は、私たちが行ったグループ面接のほとんどに反映されていた。

不安

大学生世代がもつ希望と、アメリカン・ドリームにしがみついていたいという願望に、不安の波が押し寄せている。学生の生活のあらゆる面に不安の種がある。これにつかまっていれば大丈夫というものは、一つとしてない。具体的な不安の要素については、前章までで紹介してきた通りである。

確かに、今の大学生は前の世代に比べて、アメリカの前途を楽観している。「自分は楽観的だと思います。政府は腐っているけれども、アメリカ人を信頼しているから、大丈夫」といったコメントを調査中しばしば耳にした。アメリカは「苦境に陥っても何とか抜けだす」能力を歴史的に示してきた、と学生は認識している。一般に広がるアメリカだけは違う、という信念を、彼らももっているのだ。最近タイムズ・ミラー・センターが行った調査によれば、「アメリカは今直面している問題を解決し、望むものを手に入れることができると思う」人は六八%、「今アメリカの成長に限界があるとは思えない」人は六二%にのぼる（Times Mirror Center for the People and the Press, 1994, p. 27)。

しかし、アメリカの将来について楽観的な見方にブレーキをかけているのが、学生の政治不信だ。議会は停滞しがちだし、国と地方の政治システムにも問題がある。政治家はそもそも政治家になった動機が怪しいし、能力があるかも疑わしい。それに、真のリーダーが不在だ。学生は経済面でも問題が山積していることを承知している。巨額の財政赤字、不況、いい仕事にあまり恵まれない現状、貧困率の上昇、失業問題など、状況はどうにもならないようにみえる。社会問題も学生は次々に指摘した。ホームレス、ドラッグ、家庭崩壊、貧困、健康保険制度、暴力、劣悪な環境にある学校、エイズなどだ。人種、宗教、ジェンダー、性的志向、政治的立場などによって、埋められないほど深い溝がアメリカ中にできてしまったことも、学生は認識している。将来の環境については、すべてが破壊しつくされるまで悪化するという悲観的な展望しかもてない。アメリカ国内にとどまらず、民族主義、戦争、テロリズム、核拡散、経済競争、大量虐殺など、世界中のありとあらゆる問題が大学生に不安を感じさせている。楽観的だと自認している世代ではあるが、面接では社会問題に関して希望よりむしろ不安をめぐって話が展開する場合の方が、ずっと多かった。

「アメリカの巨額赤字は困った問題です。おかげでアメリカは経済的にも政治的にも大きなダメージをこうむっていると思います」。

「日本とドイツの後塵を拝するようでは、私のような愛国的な人間は納得できません」。

「国際情勢がとても心配です。本当に混沌としていると思います。アメリカを嫌っている国はたくさんあるのではないでしょうか」。

「社会をよくするためには、何らかの犠牲をはらわなければなりませんが、みんなそれをしないだろうと思います。特に環境問題についてそういえます」。

「何もかもだめになり始めました。今や学校もガタガタです。問題はどんどん増えていると思います」。

「教育問題に目を向けると、悲観的になってしまいます」。

「二〇〇〇年にはアメリカ人の六〇%ぐらいがエイズにかかっているのではないかと思い、心配です」。

「一〇代のころ性関係が多かったので、今エイズの影におびえています。何度も検査を受けて陰性なのですが、でもやっぱり怖いんです」。

「社会は私に冷たい。人種差別のせいで将来に傷がつきそうです」。

「私たち黒人は怒りをどこにぶちまけたらいいのかわからない」。

「ＰＣ〔政治的公正〕のおかげで、面白いものがどんどんつまらなくなっています」。

「社会の価値観は揺らいでいます」。

「私たちは落ちていく、どんどん落ちていく気がします。歯止めとなるものはこれといってないでしょう」。

「今はポスト・キリスト教の世の中で、社会を一つにまとめるものはもう何もない。私たちはばらばらになっていくばかりです」。

「宗教右派がすごく怖いと思う」。

「将来が不安でたまりません。子供をもつのが怖いんです」。


プライベート面でも学生は不安を抱えている。確かに大半の学生はうまくやっていけると思っている。しかし、人間関係や恋愛に関する不安や、将来幸せになれるかどうかといった問題は、面接調査で必ず話題にのぼった。経済面での心配事もつきない。グループ面接では、学費ローンを返済できるだろうか、卒業まで学資が足りるだろうか、あるいはよい職に就けるだろうかなどの声が必ず聞かれた。大学を出てタクシーの運転手になるとかブティック店員になるという話が、あちらでもこちらでも語られている。だが、実際の具体例というより、神話の色彩が濃いのが本当のところだ。大学を出てタクシー運転手になるしかないというのは、ジョージ・ワシントンと桜の木のエピソードと並ぶアメリカの二大伝説の一つにすぎない。つまり、ポートランド・コミュニティ・カレッジ生の言葉を借りるなら、こういうことだ。「私には夢があります。その夢が実現すれば素晴らしいけれど、そのためのお金があるかどうかわかりません」。

学生は大学に非常に満足しているが、費用の面で不安を感じているのだ。学費は物価上昇を上回る率で高くなっている。ほとんどの学生は学費を払うために仕事をもち、しかも働く時間が増えている。学生のための政府助成金は急激に減らされ、大学で学ぶために学生が背負う借金は増えているのが実情だ。一九八〇年から九五年の間に、連邦政府の学生向け資金に占める貸与金の割合は給付金の二倍に達した。学生が借りた金額も、九〇年から九五年の間に倍増している（Hartle, 1994）。しかも、既に述べたように、卒業までかかる年限が平均で少なくとも一年は延びている。アメリカ教育審議会の政府担当副議長テリー・ハートルは、こうした状況を次のようにまとめた。「大人の世代が次の世代の大学教育の費用を負担するという社会的契約は、破られてしまった」（Hartle, 1994, p. A52）。

面接調査では学生の側からこうした問題の一つひとつが提起された。学費を負担するために、退学や休学を余儀なくされたり、パートタイム学生にしかなれない、という訴えを聞いた。学費を捻出するためにこんなことまでするという例には、売血もあった。ストリップで稼ぐ学生（Gose, 1995）も、長距離トラックを運転しその合間をぬって時間割りを組む女子学生もいる。

結局、学生はアメリカが一つの社会として成功できるか、そして自分が個人的に成功できるか、不安をもっている。調査では大半の学生が両親よりいい暮らしができると思うと回答したが、グループ面接の席では「両親より大きな収入を得られない世代は、私たちが初めてだと思う」「家なんて買えるでしょうか」「子供を大学にやれるか心配」「父の商売は順調でしたが、だめになってしまいました。雲行きはすぐに変わるものだと知りました」といった声が次々にあがった。

この世代は必死に夢にしがみついている。しかし、彼らが公言してはばからない希望は、実は脆くてはかない。家庭で、地域社会で、アメリカで、世界で、ありとあらゆる場所で彼らの人生は試練にさらされる。それでも希望が不安に飲み込まれてしまわないのが不思議なところだ。

8章 結論
——過渡期の世代——

レヴィーンは一九八〇年の著書『夢もヒーローも消えた時』で、以前に実施した調査をもとに、学生生活の三つの特徴を指摘した。第一は特定の時代の大学生だけにみられたユニークな特徴、第二は世代を問わずいつの世の大学生にもみられる特徴、第三は周期的に大学生世代に現れる特徴である。このうち第三の特徴には、アメリカ全体に起こる変化がそのまま映し出されるという性格がある。一九七〇年代後半に大学生であった世代の特徴は、歴史のサイクルという観点から説明がつく部分がほとんどであった。本書の最終章は、『夢もヒーローも消えた時』が終わった時点、すなわち歴史のサイクルを論じるところから始まる。

歴史のサイクル

今世紀に一番大きく変わった大学生の特徴は、何といっても数が増え続けたことだろう。一九〇〇年には一八歳人口に占める大学生の割合はわずか四%にすぎなかったが、一九九七年には高校卒業者の六五％が何らかの形でさらに上の段階の高等教育を受けるようになった。アメリカの高等教育は、限られたエリートのものから大衆的なマス教育へと変貌を遂げ、さらには普遍性をもつに至ったといえる。その結果、大学生はアメリカ全体の姿を非常によく反映するようになってきた。アメリカが変われば、学生も変わるのだ。

アメリカの変化も学生の特徴の変化も、周期的に起こる。社会というものは、人間によく似ている。気の抜けない、場合によっては熱狂的ともいえるほど激しい活動期のあとは、どちらもしばしの休息を必要とする。起きて活動している時期と休息している時期を繰り返しながら、このサイクルは続いていく。今世紀にサイクルの変わり目となったのは、戦争であった。熱狂的な活動を最後に目覚めている期間が終わり、休息期に入ると疲れ果てて眠りにつくのだ。

活動期には、人々は変化を求め改革を模索する。アメリカの関心はコミュニティに向かう。コミュニティ優位期といってもよい。他者に対する義務、責任、奉仕の必要性、それにアメリカ人全体の共通性が、この時期には強調される。未来志向が強く、禁欲的なのも特徴だ。二〇世紀には、コミュニティ優位期が三回あった。世紀初頭から第一次世界大戦までの進歩主義の時代、一九三二年から第二次世界大戦に至る大恐慌からローズヴェルト大統領の時代、それに一九五〇年代末からベトナム戦争までを含めた一九六〇年代である。今あげた三つの時期には、セオドア・ローズヴェルト、ウィリアム・ハワード・タフト、ウッドロー・ウィルソン、フランクリン・ローズヴェルト、ハリー・トルーマン、ジョン・ケネディ、リンドン・ジョンソンといった進歩的な大統領が登場した。いずれの大統領の任期中も積極行動主義が盛んで、国の改革が叫ばれ、市民の参加が促された。

このような時代精神を最もよく表したのが、ジョン・ケネディ大統領の就任演説の一節「アメリカが皆さんのために何をしてくれるかではなく、皆さんがアメリカのために何ができるかを考えて下さい」である。

逆に、休息期が訪れたのは第一次世界大戦、第二次世界大戦、それにベトナム戦争という三つの戦争がそれぞれ終わった後の時代である。戦争のために人々は多くの犠牲を強いられ、最終的には必要とあれば自らの、あるいは家族や友人の命まで差し出すように求められた。だから、戦争が終わると国民は疲れ果てていたのだ。もうくたびれた、少し休みたい、という気分が蔓延していた。もっぱら外に向いていた思考や行動が内に向き、しばらくおざなりになっていた自分自身や家族の生活を立て直そうとする力が働いた。関心の中心が、コミュニティから個人へと移った。戦後期は個人志向の時代と呼ぶことができる。将来ではなく、現在に目を向ける時代といってもよい。禁欲的というよりは享楽的で、共同体のために果たす責任より個人の権利が追求される傾向がある。与えることよりも獲得すること、他者よりも自己が重んじられる。このような時代にアメリカ国民が選んだ大統領は、個人の権利を擁護し、市民に重い負担を求める大きな政府に反対する立場を表明していた。ウォーレン・ハーディング、カルヴァン・クーリッジ、ハーバート・フーヴァー、ドワイト・アイゼンハワー、リチャード・ニクソン、ロナルド・レーガン、ジョージ・ブッシュといった歴代大統領がこれにあたる。共和党の指名を受け再選出馬を決めた演説で、レーガン大統領は時代の空気をとらえ、次のように述べた。「アメリカの納税者はアメリカ政府を支えるために存在するという考え方に、我々は終止符を打ちます。そうではなくて、アメリカ政府がアメリカ国民のた

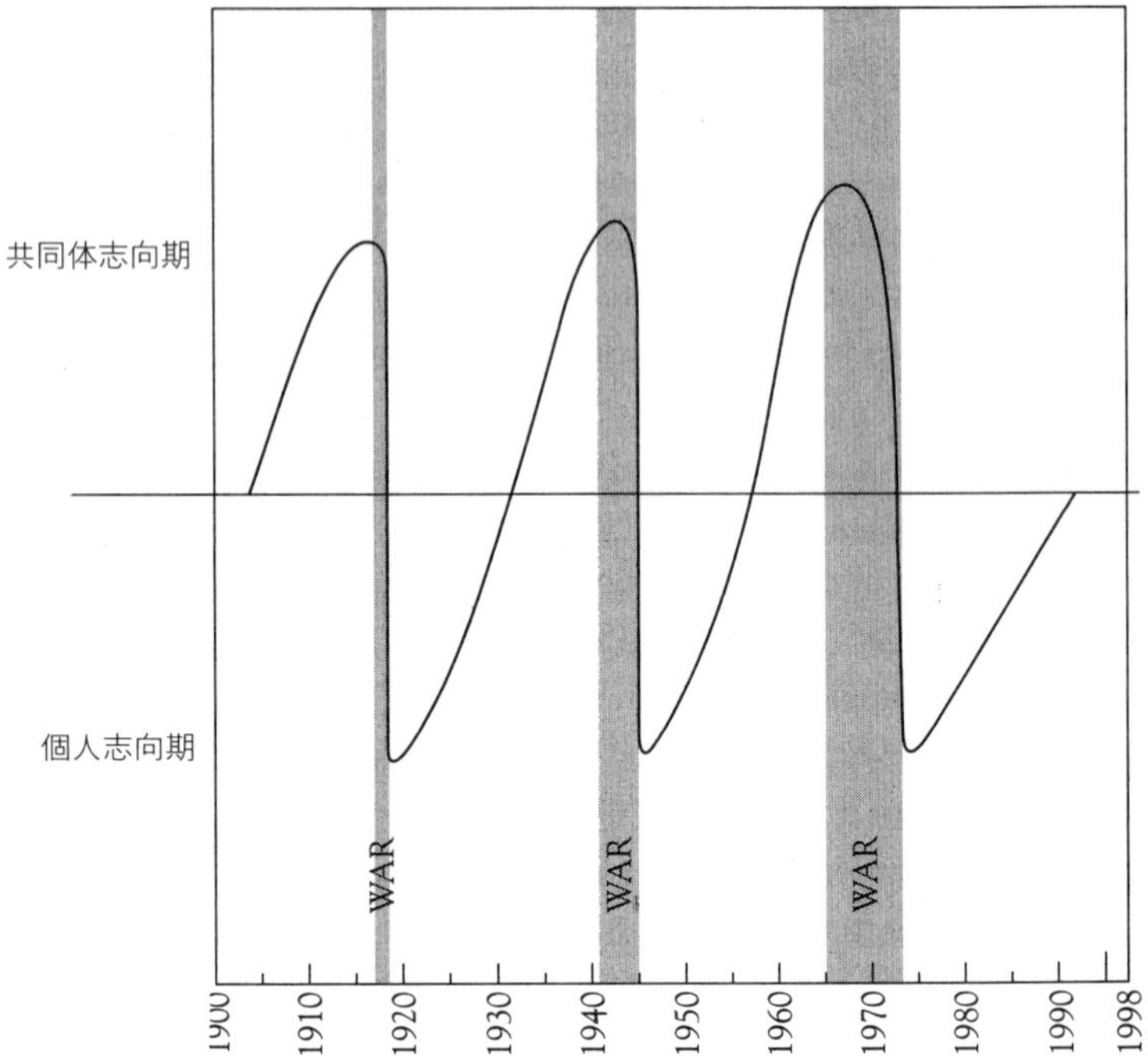

図8－1　国民的傾向の変化（1900–98）
出所：レヴィーンをもとに作成（1980, p. 120）

めに存在するのです……仕事と家庭こそ、我々の人生の中心であるべきです」(Reagan, 1985a, p. 268)。レーガン大統領はまた、政府が「国民を何らかの集団の一員とみなす」のではなく、「すべてのアメリカ国民を個人としてみる」ようにすべきだと訴えた（Reagan, 1985b, p. 310)。「正常への復帰」を公約に掲げたハーディング政権を例外として、個人志向の時代は改革運動を促すスローガンや呼びかけではなく、その時々の大統領の名前と一体化してきた。政府の干渉を少なくし、社会的コントロールも最小限にとどめ、個人の自由を大きくというのが、このような時代のテーマである（図8－1）。

ボイヤーとレヴィーンが共著書で指摘したように、個人志向と共同体志向の繰り返しはジョン・ロックが社会契約と名づけたものに似ている。社会の構成員は全員が暗黙の了解によって結びついている。これは、個人と個人の間の契約で、多数の幸福のために個人の権利を一部譲ることを規定するものである。その見返りに、公共サービスや各種の庇護を受けたり、合意によって認められた自由を保証される。

あらゆる社会の歴史は、共同体と個人の完璧なバランスを追求する試行錯誤の連続といってよいだろう。そのバランスを求めて、どこの社会もまず一方へ、今度は逆へと揺れ動く。どちらへ向かってもゆきすぎてしまい、逆方向へ動くことによってバランスを回復しようとする。共同体が重視されすぎると、個人は首に紐をつけられた家畜のように息苦しさを覚え、抑圧されているという感じをもつ。プライバシーがない、社会的な義務を押しつけられると嘆き声があがる。そして、個人の人格や個性を表現するチャンスを求めるのだ。反対に個人主義と自主独立がゆきすぎると、社会は冷淡で無関心であり自分は孤独で疎外されていると人々は感じる。そうなると今度は逆の方向に動いて、他者とのつながりを回復しようとする（Boyer and Levine, 1981）。

このように長年にわたって続いている個人と共同体の間の緊張関係は、大学生の気質の変化にも表れている。大学は他の社会的機関と同様に、また学生はすべての国民と同様に、共同体志向と個人志向のサイクルを踏襲している。

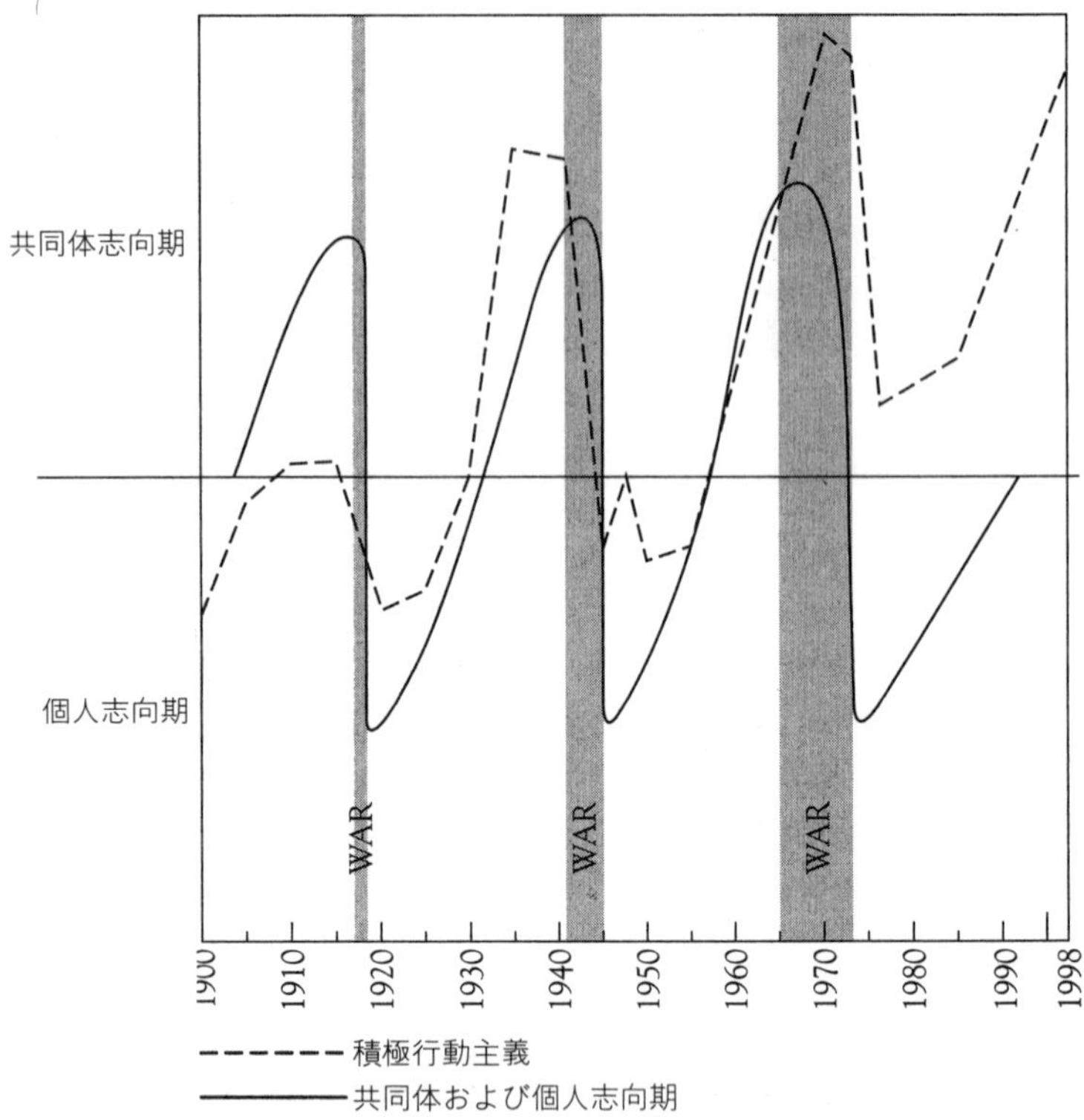

図8－2　学生の積極行動主義と変化する国民の傾向（1900–98）
出所：アルトバックをもとに作成（1974, p. 8）

個人志向期の学生は、共同体志向期に比べ直接的行動にあまり積極的にならない。一九〇〇年から九八年に至る学生の直接行動の様子を図8－2に示した。この図は数多くの資料をもとに作成したものだが、特にフィリップ・アルトバックの研究に負うところが大きい。

個人志向期には、学生の政治活動は中道から保守寄りの傾向を示す。イデオロギーや政治への関心は比較的低い。極右、極左、その他あらゆるイデオロギーを信奉する学生は減少する。孤立主義への支持が高まり、国際問題への関心をあまりもたないのも、個人志向期の学生の特徴だ。

また、学生は勉学面よりも社交に、活発に動く。ギリシア文字クラブの会員は増える。レクリエーションとしての学内スポーツも、体育会の対外試合も、人気が高まる。飲酒量も増える傾向が見られる。何かが一時的に大流行することも多い。一九二〇年代なら旗ざお登り、マージャン、長時間にわたって行われるダンス・コンテストなどに学生は熱中した。一九五〇年代ならパンティ襲撃〔男子学生が女子寮へ行ってパンティを奪い、それを戦利品と称した〕、ピアノぶち壊し、電話ボックスに何人入れるかの競争など、一九七〇年代と八〇年代ならストリーキング、スケートボード、コンピュータのハッカー行為、テレビドラマ「ダラス」、トーガ・パーティ〔古代ローマの衣装をつけてのパーティ〕などが花盛りだった。

学生の社会的な姿勢がリベラルに傾き、個人の自由な裁量の範囲を拡大する方向に動くのも、個人志向期にみられる傾向だ。一九二〇年代について考えてみると、女性の喫煙と参政権、性の自由、フロイトの精神分析学などが認められたのがこの時代である。一九四〇年代と五〇年代には、ピル解禁とパンティ襲撃を除けば、学生〔特に大学に入学した帰還兵たち〕は必死になって新入生いじめや大学による規制に抵抗した。一九七〇年代と八〇年代は、個人の自由が最大の関心事であった時代といってよいだろう。

宗教面で学生の活動が活発になるという特徴も指摘できる。キャンパスが宗教リバイバルの舞台となったり、新しい宗教運動の出発点になることがある。

勉学への意欲はあまり高まらず、大学教育に同時代性を求める動きも大きくならない。つまり、社会問題となっている事柄を即教室で取り上げて欲しいという欲求が、共同体志向期に比べて弱いということだ。

アメリカン・ドリームの物質的成功という面を目指し、それを達成できると確信するのも、個人志向期の学生によくみられる特徴だ。

共同体志向期には、これまで述べてきたのとまったく逆の傾向が現れる。こうして考えてみると、今の大学生は、これまでの世代ほどには伝統的に続いた個人志向と共同体志向のサイクルにあてはまらない。進歩主義の時代、一九三〇年代、それに六〇年代の学生は共同体志向を示し、二〇年代、四〇年代、それに五〇年代、七〇年代、八〇年代の学生は個人志向の特徴を示していたのだが。

隔絶された時代

本来なら、一九九二年の大統領選挙が個人志向期から共同体志向期への転換点になるはずだった。レーガンとブッシュの時代は幕を閉じ、進歩的な民主党員がホワイトハウスの主になったと思われた。しかし、現実はそうでなかったのだ。

それはなぜか。リップ・ヴァン・ウィンクルではないが、「すべてが変わってしまった」からだ。周期的に個人志向から共同体志向へと大きな振幅で移り変わるのは、よほど成熟しているか非常に安定している社会に限られる。このような周期的移行は、社会全体の目標と個人の欲求の適切なバランスを維持し社会の健全さを保とうとする機能が働いているから起きるものに他ならない。この機能が働いてこそ、個人と共同体の矛盾する要求は両方とも満たされる。いささか危ういながら、このおかげで社会はばらばらにならずに、平穏な日常が続いていくのだ。

しかし、まれではあるが、歴史上急激に大きな変化がおこった社会は存在する。そのような社会では、変化の範囲が広くしかも深いために、よくみられる調整のためのサイクルが途切れてしまう。新旧が断絶した、隔絶された時代がやってくるのだ。アメリカの歴史上、そのような時代は二回到来した。

第一は、一九世紀の最初の二〇年間に本格化した産業革命期である。この間にアメリカは農業社会から工業社会へと変貌を遂げた。当時の人には、あらゆるものが流動的であるようにみえたはずだ。アメリカ経済は大きな好・不況の波を繰り返し、先のみえない混乱が続いた。蒸気船や運河建設、鉄道、機械化された工場など、アメリカ人の日常生活を変えてしまいそうな新しい技術が、続々と誕生していた。旧式の産業が姿を消す一方、新しいものが産声をあげた。北部と東部から西部や南部へ、また農村部から都市部へと人口は大きく移動した。学校教育をほとんど受けていない移民が大量にアメリカに入ってきた時代でもある。教会、家庭、政府、職場、メディアなど、アメリカの主だった社会的機関のすべてが変化を余儀なくされた。このような一大変化を振り返ったヘンリー・アダムズは、自伝で「旧い世界は灰の山と化し、新しい世界が創られた」と述べている。

アダムズの指摘は、本質的なところを突いていたといえよう。産業化の影響は非常によく整理・記録されており、家族解体、親族関係の希薄化、それに世代間の結びつきが寸断されるなどの現象が例としてあげられる。結婚相手の選択期や標準的な婚期は遅れ、ジェンダーの役割に変化が生じる。世の中の均質性が崩れ、多様になっていく。無関心と疎外感が蔓延する。社会で機能するために新しくより高い教養が求められ、それによって大衆の富とステータスに決定的な差が生じる。マス・コミュニケーションが発達し、社会のなかで孤立することはなくなる。あらゆる種類の利益共同体がどんどん増えていく（Moore, 1963）。

すでにお気づきかもしれないが、第二の断絶期は今の時代である。1章で述べたように、アメリカは目下人口構成や経済面で大きな変化の時代を迎えているばかりでなく、世界的な変革の波にさらされ、技術革新も目ざましい。人口構成では、高齢化が進み、他国出身者が増えて多くの人種が驚くほどの速さで全国に散らばって暮らしている。

経済面の変化は、これよりさらに速いペースで進んでいる。わずか一世代の間に、アメリカは世界最大の債権国から最大の債務国へと転落した。同時に、堅固だった政府の財政基盤は不安定になってしまった。六世代の間に、アメリカは田園中心の農業国から都会中心の工業国へ、さらには郊外中心へと変貌し、情報化時代の国際的な経済体制へと移行した。このような変化を示す光景は至るところで目に入る。大平原地帯の疲弊した農村、中西部から東部へかけて点々と続く不況に苦しむ鉄鋼業地帯、日の出の勢いかと思うとすぐにさびれていくハイテク工業地帯、それに閑散とした都市の中心部などがそうだ。

国際的にみると、アメリカはすでに相互に密接に結びついた世界の一部になっている。過去五回の大統領選挙のうち四回は、中東情勢の決定的な影響を受けた。日本と韓国で雇用情勢がよくなれば、その分ニューヨーク、フィラデルフィア、カリフォルニアで失業が増える。中央ヨーロッパの国家が崩壊し、一方西ヨーロッパ諸国が共同体をつくれば、アメリカの株価が上がったり下がったりする。このような相互依存は、アメリカにとって新しい経験だ。

技術面でも、二、三〇年前にはＳＦの世界にしか存在しないと思われていた道具などが現実のものとなっている。著者の祖父母が生まれたときにはまだ飛行機が発明されていなかったが、子供たちが生まれたのは人類が初めて月面に降り立ったのより後のことだ。そう考えると、まさに目がくらむほどの変化のスピードだといえよう。

今日私たちが経験している変化の性質と程度は、産業革命期に起こったものと非常によく似ている。ヘンリー・アダムズの回想は、そのまま私たちの時代にもあてはまるのではないだろうか。しかし、アダムズの指摘にいくつか重要な点をつけ加える必要がある。第一は、古い秩序の崩壊と新しい秩序の形成は同時に進みうるものの、ほとんどの人はそういう認識をもてないという問題だ。新しく出現する秩序は未知のもので、それを認知することは難しい。それは未来そのもの、あくまでこれから先のことなのだ。一方古い秩序はみるみる崩れていき、何事も以前のようにはいかなくなる。すると、必然的に人は喪失感に襲われるのだ。今はまさしくそういう時代である。私たちの社会にある諸制度の大半は、工業社会に対応するように整備されたものだが、政府も、教育も、産業、健康保険、家族も、今や壊れてしまったようにみえる。この事態に対してアメリカは将来への可能性や希望を示すことができず、喪失感や苛立ちを募らせている。

第二に指摘できるのは、大きな変化の時代が到来しても、それはその後に過去を振り返るという形でしか名前をつけることができないものだ、という点である。南北戦争（一八六一―六五）後に人々が、ある朝目覚めて突然「古いルールが通用しなくなったと思ったが、そうか産業革命がおこったのか。道理で何をやっても昔のようにいかないわけだ」と納得した、などということがあったはずはない。そうではなく、人々は混乱し、苛立ち、怒り、途方に暮れ、やみくもにもがき、たいていは失敗していたのではないだろうか。「産業革命」という名称がやっと定着したのは一八九〇年代になってからだった。それ以前は、アメリカが経験した大変革を何とか説明しようとして、ありとあらゆる可能性が検討されていた。これという名称が一つ決まって初めて、変化のパターンを理解することが可能になる。過去に繰り返されてきた手順をみれば、若者の世代に名前をつけたがる私たちの性向も、これとさほど変わらないことがわかるだろう。

第三は、今起こっている変化の過程で私たちがどういう段階にいるのか、あるいはこれからどこへ向かおうとしているのか、正確に判断するのは不可能だという点だ。数十年先の社会の姿を描き出そうとしても、それは当てずっぽうにすぎない。今起こっている変化のうち、どれが一番重要なのか。最後まで残る要素は何か。今私たちが生きている時代は、のちに人口革命の時代と呼ばれるようになるのだろうか。経済革命、あるいは技術革命、それとも世界革命という名称はどうだろう。

答えは今は出ないし、何年も先にならないと誰にもわからない。経済ジャーナリストのジェイン・ブライアント・クインが一九九二年に「今起こっている事柄で頭が混乱していないという人は、実は何も理解していない」と述べたが、まさにその通りだ。

今の大学生の生活は、この変化の時代に支配されている。共同体志向と個人志向を繰り返してきたサイクルは途切れ、果てしなく続く予測不能の変化の時代が到来している。

しかも、大学に進学する人口が非常に大きくなっていることによって、状況はさらに不確定の要素を増している。大学進学者が大幅に増えたために、大学教育を受ける価値は減ってしまった。ある世代のうちごく一部しか大学を卒業しなかった時代には、大学をでていれば社会で一番いい職が保証されていた。しかし、大半が大学にいくようになると、そうはいえなくなる。二〇世紀初頭に大学にいった人は、いわばティファニーで買い物をしているようなものだった。今の学生はKマート〔アメリカ第二位の総合小売り商社、安売り量販で知られる〕だ。大学生の数がどんどん増えれば、学生はアメリカ全体とまったく同じように社会の影響を直接受けることになる。大学生が少数のエリート集団であったなら、アメリカを飲み込む変化の波から守られていただろう。今や大学生という集団はあまりに大きくなりすぎて、どうやっても荒波から守ってもらえなくなってしまった。

また、高等教育が一つの成熟した産業になったという点も以前にはなかった要因である。二〇世紀を通じ高等教育は成長産業であり続け、戦争時と大恐慌の二年間を除いて学生数は年々増加の一途をたどってきた。この間、政府と一般国民が大学に望んだことはただ一つ、規模を拡大しより多くの学生が入学できるようにすることだった。今では、大学生がもっと増えればいいと考えている政府の役人は、ほとんどいないだろう。ある年齢層の七〇—八〇%までが大学に入るというところまで進学率を高めようという声は、アメリカのどこの州議会からも聞こえてこない。クリントン大統領さえ、大学生を増やすことではなく税制面から負担軽減を図る政策に重点をおいている。アメリカ政府は今、高等教育の適切な規模とその効果や効率を見直すという、これまでになかった難問に直面している。

成長を続ける産業に対しては、さらなる拡大のために資金をつぎ込み、成長を妨げる要素を排除していくものだ。しかし、成熟期に入った産業に対しては、正反対の策を講じなくてはならない。拡大を抑制し、コストの削減を図り、業績内容をよく検討し、事業が適切に進められているかどうか説明を求める必要がある。今の大学に関していえば、税制優遇や奨学金など学生に対する公的な助成も、大学に対する助成も、縮小された。その結果、大学は教育・研究計画を見直したり、教員数を減らすなどの措置を余儀なくされている。つまり、大学自体、以前のように学生を社会情勢の変化から守るということができなくなってしまった。

今の大学生のように大規模な社会変化の波をここまでまともに受けた例は、過去にはなかった。一九三〇年代の大恐慌のさなかでも、政府はより多くの学生が入学できるように大学に助成をおこなった。学生を庇護するためではなく、労働市場に流入してくるのを止めようという発想である。それでも、資金が注入されたことにより、学生が恐慌から守られたのは事実だ。

急激な社会変化がおこり高等教育においても情勢が流動化したために、今の大学生世代は二つの世界に片足ずつおいて立っている格好だ。二つの世界とは、消えゆく古い世界とこれから生まれ出ようとしている世界である。二つの世界は、学生に矛盾する要求を突きつけ、学生は引き裂かれた状態にある。消えゆく世界は学生に安定を求めさせ、生まれ出る世界は変化を求めよと促す。同じように、実用主義は理想主義と、経済的成功は社会的貢献と、不安は希望と、それぞれ格闘している。今の大学生は過渡期の世代であり、その点でヘンリー・アダムズの時代の若者と似ている。そして、産業革命期を経験した若者と同じ特徴を示しているといえよう。

過渡期世代のための教育

一つの集団としてみたとき、今の大学生について次のような特徴をあげることができる。

- 不安をもっている。
- 変化を求めている。
- アメリカの政治や社会制度に幻滅を感じている。
- 政治的に左か右に分かれ、中道の立場をとる者は少ない。
- 社会問題に対してリベラルな態度を示す。
- 社会問題に敏感で、積極的に行動する。
- 消費者主義の傾向がある。
- 世界的な問題より身近な問題に関心を向ける。

● 性的活動は活発だが、社会的には孤立しがちである。
● 飲酒が多い。
● 頑張り屋である。
● 疲れている。
● 多種多様な集団に分かれている。
● 基礎学力が弱く、教授の教え方とは異なる学習法が最も効果的である。
● 実用主義的で、就職志向が強く、経済的成功をめざす。
● 理想主義的で、利他傾向が強く、社会的貢献をしたいと思っている。
● 個人としては将来を楽観。
● 集団としては将来を悲観。
● アメリカン・ドリームをまもりたいと必死である。

この世代が他の世代と比べて、優れているとか劣っているということではない。どの世代もそうだが、今の大学生世代にも個性がある。だから、この世代にはこの世代のためのユニークな教育が必要で、個人的な夢を実現すると同時に、彼らがリーダー役を務めなければならない社会に貢献することが求められる。大学が過去の世代に提供してきた教育は、今までうまくいっていたとしても、この世代には合わない。今の大学生は過去の世代と違うし、時代も変わってしまった。彼らには、何にもまして次の四つのものを提供する教育が求められる。

希望

まず第一に希望だ。とはいっても、漫然として根拠のない、夢見心地で楽天的な類の希望ではない。そうではなく、人が毎朝目覚めて新しい一日に直面するために必要な確信とでも呼ぶべきものだ。シェイクスピアに「正しい希望は燕の翼にのって矢のように天翔ける、／それゆえに王は神になり、その資格なきものも王になる」(『リチャード三世』第五幕二場、小田島雄志訳）という言葉があるが、それと同じである。今の学生は楽観的だと自認しているものの、7章で論じたように彼らの楽観主義は脆くてはかない。

一つの例を示そう。調査中に私たちは経営学を専攻しているという女子学生と話をした。経営学は面白いかと尋ねると、大嫌いだという返事が返ってきた。では、本当は何を専攻したいのかと聞くと、ダンスだという。それではなぜダンスを専攻しないのかと重ねて尋ねると、この学生は物わかりが悪い弟か妹でも見るような目を私たちに向け、こんな台詞を残して立ち去った。「お金があるのはイケてる。貧乏はイケてない。私はイケてる方がいいもの」。その時は私たちには返す言葉がなかったが、時間が経つうちにその学生のことを度々考えた。彼女は好きでもない勉強をするために、夢を全部諦めてしまった。大学での専攻に近い職業につけば、その仕事も好きになれないだろう。本当に悲しいのは、彼女がこのような選択をしなくてもよかったのにしてしまった、ということだ。プロのダンサーにならないまでも、ダンス・カンパニーを運営するとか、ダンス教師になるとか、あるいは批評をしたりダンス用品を売る店をもつなどの可能性はあったはずだ。つまらない選択をしたのが悲劇なのではない。彼女が希望を失ったことが悲劇だ。あまりにはかない希望だったので、彼女自身それにこだわる勇気をもてなかったのである。私たちが面接をした学生のほとんどに、何らかの形で共通する特徴だ。

責任感

大学教育を通して学生が身につけるべき特性の第二は、責任感である。この世代が多くの難問に直面しているのは確かだが、それでも彼らは世界で最も恵まれた境遇にあることに違いはない。彼らには果たすべき責任がある。実際この世代は過去に例がないほど奉仕活動によく参加しているが、社会的貢献と経済的成功は両立しないという思いにとらわれているのも事実だ。生活の安定と社会的責任のどちらか一つを選択せざるをえないと考える学生が多い。

ニューイングランドのあるリベラルアーツ型大学では、一年生は全員「一年次調査」というものに参加しなくてはならない。学生は、入学以来大学で何を学んだかあるいは学ばなかったか、将来の希望や抱負、それに今後の大学生活をどのようにすごすつもりかなどをレポートにまとめる。その後、一人ひとりがレポートに基づき面接を受ける。面接者は教員一名、理事一名、それに学生が一名という構成だ。ある女子学生は次のようなレポートを提出した。将来は多国籍企業の重役になり、それから上院議員に進出、大学生に奨学金を出す基金を設立し、核軍縮のために尽くしたい、という内容である。面接ではまず、これだけの夢を実現するために大学で何を身につけたいか、という質問がされた。しばらく考えた後で、彼女は「殺人本能」と答えた。面接者は、それは一体どういう意味か、と説明を求めた。自分が望むものを手に入れるためなら、他人を踏みつけ乗り越えていく能力のことだ、と彼女は述べた。今度は面接者から利他主義についてどう思うか、と問いかけた。この学生が知らない言葉だったので、説明があった。すると、彼女はそんなことは自分の計画には入っていないといった。面接者が、あなたは核軍縮のために働きたいのでしょう、それは利他的なことですよと指摘すると、学生は自分の考えが理解されていないといい、こう続けた。「核戦争が起こったら、私は多国籍企業の重役になれませんもの」。三年後、この時語った計画と考え方をもったまま、学生は卒業した。成績は優秀だったし、数年後にはアメリカでもレベルの高い経営学大学院に進んだ。彼女の夢はすべて実現するかもしれない。しかし、大学で身につけたものが何か足りないとしか思えない。他者のために何をなすべきかという責任の教育が欠落している。

差異の理解

第三に身につけるべきは、差異に対する理解である。今の大学生は差異がどんどん多様化し、変化が当たり前の世の中に生きている。しかし、キャンパスで学生はさまざまな差異に基づくグループに分離し、しかもグループ間の関係に緊張がみられる。私たちが行ったグループ面接でも、学生は差異の問題について語り合うことができなかった。話題になることがあっても、会話は非常にぎこちなかったし、異なる集団に属する学生は互いの顔をみることさえしなかった。こうした状況については、4章で詳しく述べた通りである。大学生は互いの差異を認識し、尊重し、受け入れることをぜひ学ばなければならない。

変革する力

最後に求められるのは、変革する力、つまり自分は何かを変えることができるという気持ちをもつことだ。この点でも、今の大学生で自分は世の中を変えられると思っている者の割合は過去に例がないほど高い、という調査結果がある。しかし、グループ面接をしてみると、必ずしもそうではないことがわかった。ある有名なリベラルアーツ型大学で著者が経験した例をあげよう。その大学では、優秀な四年生がアメリカで最もレベルが高い大学院に入る奨学金をとれるようにするための、特別プログラムを組んだ。レヴィーンはそれに招かれ、リーダーシップについて学生に話をするよう依頼された。ところが、話を始めて間もなく、学生たちはそわそわと落ちつかなくなり、窓の外を眺めたり時計に目をやったりしだしたので、レヴィーンはこれはだめだと思わざるをえなくなった。

そこで、君たちには興味のない話なのだろうと問いかけたところ、学生はそうだと言った。一体何が問題なのか、学生との間でああではないか、こうではないかとやりとりをしたが、ある学生がこう発言した。「人生は短い。リーダーシップうんぬんの話はナンセンスですよ。世の中を変えたいと思っても、無理です」。レヴィーンはすぐに、他の学生もそう思うかどうか、尋ねてみた。二五人中二二人の手があがった。

今の大学生に、世の中を変えられるという信念をもたせる必要がある。無論みんながアメリカ大統領になるわけではない。しかし、一人ひとりは大統領よりももっと直接的に、具体的に目にみえる形で、家族、友人、隣人、同僚など数多くの人と関わっていくのだ。よきにつけ悪しきにつけ、学生たちは周囲の人に影響を及ぼすことになる。世の中を変えるのは自分が生まれながらにもっている権利だ、と自覚すべきだ。その権利を放棄してはならないし、また誰にもそれを奪うことはできない。

過渡期の世代を育てるために

ここにあげた希望、責任感、差異の理解、変革する力は、人間が成長する過程でうまく身につけられたり、あるいは身につけられないまま大きくなってしまうものだ。これらは、家庭、地域社会、若者のグループ、学校、教育、メディア、政府など、社会全体で教えなければならない。しかし、全体としても個別にも、いずれの社会的機関も今の大学生に四つの要素を十分に教え与えることができないまま今に至った。どの機関も影響力と権力が弱くなり、社会的信用を失っている。子供を育てる余裕や意欲に欠け、若い世代の役割モデルや教師としても務めを次第に果たせなくなった。これらの社会的機関自体が、希望、責任感、差異の理解、変革する力をもっていないのだから、大学生にそれを教えられないのは当然だ。

カリキュラム

このように、大学生となった世代に対する教育の一部が欠落したつけは、大学が「補習」をしなければならないという形でまわってくる。補習といっても、読み・書き・算数のことではない（もちろん、現実にこういう補習も行われているが）。他の社会的機関が一八歳以上の若者に提供できなかったものを、大学教育が与えるという意味だ。

今の大学生には、五つの特別の要素を含む教育が必要である。これからここに述べることは、目新しくはないし、常識をくつがえす種類のものでもない。しかし、それぞれの要素の内容が、過去一〇〇〇年の間一般的に考えられてきたものから変わらなくてはならないのだ。今の大学生に、また彼らが特に必要としているものに、ぴったり合うようにしたい。

コミュニケーション

第一の要素はコミュニケーションと思考の能力である。今の大学生は、言葉と数字という二つの言語を、もっとも基礎的なレベルで運用できなくてはならない。あらゆる学習は、この能力を前提とする。ところがこの世代は言葉にも数字にも弱いので、だからこそこれを大学のカリキュラムに取り入れる必要がある。

今の大学生がこれから生きていく世界には大きな変化が予想されるので、変化に対応する能力が求められる。これを三つのCと名づけよう。第一のCは、批判的思考力（Critical thinking）である。情報が幾何級数的に増加し、観念にすぎないものが事実としてまかり通り、難しい政策選択が求められる時代に、これはどうしても必要な能力だ。第二のCは、継続学習力（Continuous learning）である。知識の寿命が急激に短くなり、学習のための新しい技術がどんどん開発される現状だから、一生を通して自分で学ぶ能力は欠くことができない。第三のCは、創造力（Creativity）である。これまでに議論しつくされた過去についての本当の理解が、時代遅れで役に立たなくなってきている今、創造力もまた不可欠な能力だ。

三つのCを身につけるために、どのように知識を獲得しそれを有効に用いるかを、学生は必然的に理解しなくてはならない。現代の科学技術は、情報の記録・保存・修正のプロセスにまさに革命をもたらした。絶え間なく増え続け修正されていく膨大な量の知識にどう対処するかが、実際に知識を獲得する第一歩となる。しかし、学習の過程はそこで終わりではない。知識と知識を結びつけ、それにさらにつけ加え、総合的な体系を構築して初めて、意味のある学習と理解がなされたことになる。

ばらばらに与えられた情報を一つの文脈に位置づける作業は、今の大学生にとってこれまでになく複雑なものになっている。かつては書物と図書館があれば、そこで得られる知識をすぐに個々の文脈に位置づけることが可能であった。つまり、知識を獲得しそれを用いるのは今のように複雑ではなかったのだ。今日、知識を位置づけるべき文脈は変わってしまったか、あるいは存在しなくなってしまった。一九九〇年代の大学生にとって情報を得るということは、まるで消火栓につないだホースからコーヒーカップに水を入れようとするようなものだ。そのようにして得た情報や知識を効果的に用いるのは、本当に難しい。批判的に思考し、常に学習を継続し、創造力を発揮する人――三つのCを身につけ、運用できる人――は、獲得した知識を意味あるものにする技術をもつことになる。

人類の遺産

第二の要素は、人類の遺産を学ぶことだ。本当の意味で希望をもつためには、現在だけでなく過去を理解していなくてはならない。エドマンド・バークの言葉を借りれば、社会とは「生きている者同士のパートナー関係であるばかりでなく、生きている者とすでにこの世に亡い者とこれから生まれる者とのパートナー関係である」(Burke,［1790］1967, p. 318)。人類の遺産を学ぶということは、偉人の名や重要な年号の暗記ではない。諸国の社会や国民が、絶えず変化する世の中の経済、政治、社会、技術にどう対処したかを理解することが目的だ。人類と社会が重ねてきた成功と失敗、進化と変遷、繁栄と衰亡などを学生に教えて初めて、彼らの希望と不安は現実に根ざしたものとなる。

過去には、学生にアメリカと西洋世界のことを教えることによって、人類の遺産について学ばせてきた。だが、もうこれでは足りない。今の大学生は、ゲティスバーグ演説〔リンカーン大統領が一八六三年に行った演説、「人民の人民による人民のための政治」という言葉で有名〕よりもコーランから日常生活に大きな影響を受けている。彼らはそのように互いに結びついた地球的な社会に暮らしているのだ。アメリカの大学生はアメリカの政治家ではなくボリス・エリツィンやネルソン・マンデラから多くのインスピレーションを得る、今はそういう時代になった。私たちは大学生に対し、本当の意味で人間について教える必要がある。

環境問題

第三の要素は、学生がこれから生きていくことになる環境に関する教育である。今の大学生を「緑の」世代と名づけることができる。彼らは神聖なる環境が世俗に汚されていくことを、非常に恐れている。今環境をコントロールしているのは政府、産業、マスコミなどだが、学生はいずれも信用していない。広い範囲の環境というものから目をそむけてしまった者も多い。学生の関心の対象は身近な問題に限られているが、もっと視野を広げるべきだ。地域で活動する道を選んだとしても、地球的規模でものを考えなければならない。そのためには、私たちを取り巻く自然環境と人為的環境の両方を理解し、責任をもたなくてはならない。

自然環境に関しては、学生は科学の知識が必要だ。基本的な事実を学び、科学的な思考法を身につけて欲しいし、生物、天体、そして人間が生きている宇宙全体を理解してもらいたい。環境のために行動できる市民になるために、将来公共的な方針を決めなければならない時に備え、選択の基準作りを可能にする教育が求められる。

人為的環境に関する問題はさらに深刻である。ラルフ・ウォルド・エマソンは、こんなことを書いている。「我々は自分たち自身の世界を作るのではなく、すでに存在する制度に入ってしまい、それに順応せざるを得なくなるものだ……」(Emerson, 1909, p. 448)。今の大学生は、過去に私たちが調査した世代に比べて、社会制度やアメリカの指導者たちに対する信頼度が低い。彼らは制度も指導者も否定している。だが、背を向けてしまう前に、社会制度(政治的、文化的、美的、経済的、それに精神的な制度)が何をどの程度成し遂げるものか、学生は知る必要がある。これらの制度がどのようにして生まれ、時間の経過とともにどのように変化し、どのように機能したり機能不全に陥るか、そしてどのように人々に義務を負わせそれを正当化できるのか、学ばなければならない。

個人が果たす役割

私たち一人ひとりが果たす役割は、個人的なものではあるが多くの側面をもつ。これがカリキュラムに含まれるべき第四の要素である。学生が自分には社会を変える力があると思えるようになるためには、これはどうしても欠かせない。個人は変革する力をもつが政府はだめだと考える世代にとって、個人が果たす役割を考える意味は大きい。家庭をもちたいが幸せな結婚生活を目の当たりにしたことがない、あるいは経済的成功と社会的貢献のどちらを選ぼうか迷っている、そういう学生についても言えることだ。個人の役割というものについて、シェイクスピアは次のような名台詞を残している。「この世界すべてこれ一つの舞台、／人間は男女を問わずすべてこれ役者にすぎぬ、／それぞれ舞台に登場してはまた退場していく、／そしてそのあいだに一人一人がさまざまな役を演じる」（『お気に召すまま』第二幕七場、小田島雄志訳）。学生は、自分がこなすことになる一つひとつの役割を把握していなければならない。個人として、友人として、恋人として、家族として、労働者として、市民として、リーダーとして、部下としてなど、多様な役割が考えられるだろう。さらに、いろいろな人間関係の本質、自分にできる選択、それぞれの役割に対する期待、異なった役割同士の調和をどのように図るか、充実した人生を創るために個々の役割がどう機能するかなども、学生は理解しなければならない。だから、個々の役割を演じるために必要な能力、知識、そして経験を学生に与えるようなカリキュラムを整えねばならない。これこそ、今の大学生が必要としている最も幅広くかつ基本的な意味での、生涯の仕事探しであるはずだ。

価値観

カリキュラム第五の要素は価値観である。学生が差異を認識し互いを尊重するために、あるいはなぜカンニングはいけないことなのかを理解するために、価値観の教育は欠かせない。だが、それだけでなく、価値観は先にあげた四つの要素の基礎になるものだ。この第五の要素について、バートランド・ラッセルは次のように述べている。「市民のモラルがなければ、共同体は滅びる。個人のモラルがなければ、共同体が生き延びても意味がない」(Russell, 1949, p. 70)。学生は価値観の意味を学び、価値観と事実を区別し、相対的な価値と絶対的な価値の違いを認識し、優れた価値、より優れた価値、最も優れた価値を見極めなくてはならない。また、価値の内容を推し量り、多くのなかから一つを選ぶ手順を身につける必要もある。最後にもう一つ、学生は私たちの社会と彼ら自身の人生において価値観がどう機能するか、理解しなければならない。時が経つに伴い価値観の性質がどう変わるか、価値観が文化にどう適合するか、個人の人生に占める価値観の位置、それに社会のなかで少数派の価値観がどう扱われるかなどの問題がある。

生きるためのカリキュラム

以上の五つの要素は、大学が採用できる正式のカリキュラムを構成するものである。従来高等教育が採用してきた学問分野に基づいていないという点で、伝統的なカリキュラムとは異なる。ここで提案しているのは、学生が生きるために必要としているものに根ざしたカリキュラムだ。学生のこれからの人生、また彼らが生きていく世界に対応することを目的に考えられた要素である。これは、学究的な場に必要な知的な活動と、今日学生が緊急に求めている実用的な教育とを統合する試みと言える。

つまり、ここで提案しているのは、現代版教養教育だ。三世紀半を超えるアメリカの歴史のなかで、大学教育は大きく変化したが、それは知的な探求と実用的な教育の両立を図ってのことであった。社会の変化が急激な時期には、カリキュラムの基盤が失われがちだ。ある学問が短期間に時代遅れになってしまう。そうなると、カリキュラムは学生がこれから生きていく世界に対応する役に立たないし、古くさい学問の伝統を次の世代に伝えていくことになってしまう。

アメリカが産業革命に直面した一九世紀初頭、古典的な大学カリキュラムは同じような危機に瀕していた。神権政治の要素が残る農業社会に対処するのに適した三学〔中世の大学の文法・修辞・論理〕や四学〔中世の大学の算術・音楽・幾何・天文学〕の勉強は、工業化した国家にはもう合わなくなっていた。その後何十年も改革と実験を重ねた結果、工業化された民主主義国家にふさわしいカリキュラムが形成されたのである。それが今日まで続いている、科目・分野・専門化・幅の広さといった概念に基づくカリキュラムである。

私たちの社会は今日再度変化の時期を迎えているのだから、新しいカリキュラムを開発する必要がある。終焉に近づいている社会とこれから生まれようとしている社会の両方で学生が生きていけるようにするための教育プログラムが求められている。今のアメリカの大学生は過渡期の世代だから、新しい世界を創っていくという計り知れないほど大きな責任を負う一方で、急速に変化を遂げる旧世界で生きてゆくのである。その両方に対処できるようにするカリキュラムを、彼らに提供しなくてはならない。この目的にかなうのではないかという期待が、先に提案したカリキュラムにこめられている。

私たちが提案したカリキュラムは、単に形式を整えた授業科目のセットではない。確かに、五つの要素をそれぞれいくつかの科目に振り替えていくことは可能だろう。だが、五つの要素は相互に依存し、また重なる部分をもつ。変化に対応する能力を身につけさせるために、三つのCに対応する三科目を用意することもできるが、それだけではいけない。そうではなく、他の四要素それぞれの一部として、変化への対応を考えさせなくてはならない。同じことが、価値観の教育についてもいえる。一九世紀の大学なら、これを一年次演習か四年の最後の科目におくことができただろうが、カリキュラム全体を通して価値観について教える方が望ましい。個人が果たす役割についても同様で、いくつかの科目を開設することもできるが、実際には私たちみんなを取り囲む環境について知らなければ、個人の役割を論じることは不可能だ。

新しいカリキュラムはまた、題目と内容だけが問題なのではない。教授法も重要なポイントだ。6章で触れたように、教員の教え方と学生にとって最も効果的な学び方の間に、ずれが生じている。

新しいカリキュラムは、二つのアプローチをすることによって効果をあげようという考え方をとっている。つまり能動的な学び方と受動的な学び方の両方によって得た具体的な知識と抽象的な知識を、一つにまとめようとするのだ。古典を学ぶ場合には補足的に事例研究を行い、教室での議論だけでなくフィールド・ワークを実施しなければ、このカリキュラムはうまく機能しない。一番効果的なのは、多くの学生が携わっている地域奉仕と授業を連動させることだろう。地域奉仕を単なる課外活動から、正式のカリキュラムの一部にするのである。

さらに、ここで提案している教育は、カリキュラムの範囲内だけのものではない。五つの要素は、大学生活全体を通して身につけていくものだ。大学が学生に授与する賞の種類や、キャンパスに招かれる講演者の人選、新入生オリエンテーションや卒業式など多くの学生が参加する行事、大学が出す出版物、学生に対するサービス、学生が参加する活動など、あらゆる面で五要素が強調されるのが理想的だ。正式のカリキュラムだけでなく、それと併行する多様な要素が果たす役割は大きい。

ここに示した提言は、大学の力だけで実現できるものではない。政府、宗教団体、各種社会団体、財界なども、かなり協力できるはずだ。政府は国民の、宗教団体は会員の、財界は被雇用者の地域奉仕活動をサポートしてくれるとよい。希望・責任感・差異の理解・変革する力を教えるために、地域奉仕は最も効果的な方法の一つだ。大学生の大半がすでにこのような活動を行っているが、どうしたら卒業後も関わりを続けられるかを考えなくてはならない。そして、希望・責任感・差異の理解・変革する力をどうしたら保てるかも考えて欲しいし、保つだけでなく卒業後にさらに伸ばせるともっとよい。だが、新たに学ぶことなしには、せっかく身につけた力は次第に失われる。絶えず学び続けることによって、希望・責任感・差異の理解・変革する力は過渡期の世代の力となり、さらに次の世代へと受け継がれていくことだろう。

補遺A　本書をまとめるにあたり使用した調査結果

本書で用いている統計と世代分析の資料とした面接結果などは、一九八〇年の『夢もヒーローも消えた時――現代大学生の肖像』(*When Dreams and Heroes Died: A Portrait of Today's College Student*)の場合と同じく、複数の調査に基づいている。文中では学部生調査(一九六九、七六、九三年)、学生担当者調査(一九七八、九二、九七年)、キャンパス実地調査(一九七九、九三年)、学生リーダー調査(一九九五年)という名称で呼んでいる。その他にも、私たちが行った調査の足りない部分を補ったり、私たちの見方が妥当であることを証明するために、全国的なデータを参照した。

一九六九、七六、九三年に行った学部生調査は、アメリカ各地の大学キャンパスで学生生活全般にわたって実施された。一九六九年の調査(『夢もヒーローも消えた時』では「一九六九年のカーネギー調査」という名称を使っている)は、カーネギー高等教育調査委員会の援助を受けて行われたものである。この調査では、六万人の教員と七万人の学部生、それに三万人の大学院生を対象に、意見を聞いたり日頃の学生生活について尋ねたりした。一九七六年の学部生調査は、カーネギー高等教育政策研究協議会により実施され、二万五〇〇〇人の教員、同じく二万五〇〇〇人の学部生、二万五〇〇〇人の大学院生が対象となった。一九六九年、七六年の調査とも、対象となった学生には一般的な大学生の年齢層の者と、一度社会にでた経験をもつやや高い年齢層の者の両方が含まれていた。

三回目の調査となった一九九三年の学部生調査は、当時ハーヴァード大学教育学大学院にいたレヴィーンとキュアトンが中心となって行った。調査の運営にはニュージャージー州プリンストン市にあるオピニオン・リサーチ社があたったが、リリー基金から資金の援助を得た。この調査では無作為に抽出された学部生九一〇〇人が対象となったが、やはり一般的な大学生の年齢層に属する者とそうでない者が含まれている。また、調査は全米各地で行ったが、カーネギー委員会で規定した各タイプの大学（研究大学Ⅰ・Ⅱ、博士号授与大学Ⅰ・Ⅱ、総合大学Ⅰ・Ⅱ、リベラルアーツ大学Ⅰ・Ⅱ、二年制大学）を対象にした。これには、公立校と私立校の両方が含まれる。接触した学生の三分の二がアンケートに回答してくれた。一九六九年、七六年の場合と同じく、この調査で得られたデータは、アメリカの高等教育全体の構成を反映するように大学のタイプ別を考慮し、加重値を与える操作をした。

学生だけでなく、大学当局者の見方についても調査した。本書で学生担当者調査（一九七八、九二、九七年）という名称で呼んでいる三度の主要な調査は、学部生調査を補完するもので、これが第二のデータ源である。一九七六年に学生と教員を対象に行った調査と同様に、一九七八年の学生担当責任者に対する調査はカーネギー委員会の支援を得て実施された。この調査では、アメリカ全体の傾向を反映するように五八六大学（四年制と二年制）を選んでいる。各大学に三人一組の調査チームが派遣され、一人は学長、もう一人は学術研究の責任者、三人目は学生担当者への調査を担当した。九二年に、当時ハーヴァード大学教育学大学院にいた著者らは、同様の手法で学生担当責任者に対して再度調査を行った。この時は二七〇校を調査対象とした。これよりさらに新しいデータを求めて九六年に前回と同じ大学に調査チームを派遣したところ、五八％から回答を得た。その結果をまとめて発表したのは九七年のことである。

学生の気質などの分析を行うもとになったのは、全米各地の二年制および四年制大学での実地調査である。一九七九年の実地調査（『夢もヒーローも消えた時』では「一九七九年のカーネギー調査」という名称を使っている）対象校には、七八年の学生担当者調査にも参加した大学二六校が含まれている。九二年の学生担当者調査に協力してくれた次の二八大学において、実地調査を行った。

バークシャー・コミュニティ・カレッジ（マサチューセッツ州ピッツフィールド）
ボストン大学（マサチューセッツ州ボストン）
カールトン大学（ミネソタ州ノースフィールド）
カトリック大学（ワシントンＤＣ）
コンコーディア大学（オレゴン州ポートランド）
ドレイク大学（アイオワ州デモイン）
エマソン大学（マサチューセッツ州ボストン）

ジョージア工科大学（ジョージア州アトランタ）
イリノイ工科大学（イリノイ州シカゴ）
ロサンジェルス・ヴァリー大学（カリフォルニア州ヴァン・ナイス）
マンハッタン大学（ニューヨーク州リヴァーデイル）
モリス・ブラウン大学（ジョージア州アトランタ）
オウグルソープ大学（ジョージア州アトランタ）
ポーク・コミュニティ・カレッジ（フロリダ州ウィンター・ヘヴン）
ポートランド・コミュニティ・カレッジ・シルヴァニア・キャンパス
（オレゴン州ポートランド）
ロリンズ大学（フロリダ州ウィンター・パーク）
ローズヴェルト大学（イリノイ州シカゴ）
セント・ジョンズ大学（ニューヨーク州ジャマイカ）
南メソディスト大学（テキサス州ダラス）
タンキス・コミュニティ・カレッジ（コネティカット州ファーミントン）
カリフォルニア大学サンタ・バーバラ校（カリフォルニア州サンタ・バーバラ）
コロラド大学ボルダー校（コロラド州ボルダー）
ディストリクト・オブ・コロンビア大学（ワシントンＤＣ）
ミネソタ大学トウィン・シティズ校（ミネソタ州ミネアポリス）

北アイオワ大学（アイオワ州シーダー・フォールズ）
テキサス大学アーリントン校（テキサス州アーリントン）
ウェイン州立大学（ミシガン州デトロイト）
ウェルズリー大学（マサチューセッツ州ウェルズリー）

これらの二八校に一九七九年に実地調査を行った大学を加えてみれば、サンプルとなった大学がいかに多様であったか明らかだろう。

調査を行った大学では、質問書に回答した学生部長もしくはその代理者に対して面接調査をした。それに加えて、学生自治会のトップ、学生新聞の編集者、それに六－一〇名の学生（多様性が確保されるようにこちらで選んだ）に対しても、リストに従って質問をした。一九七九年には一八二名、九三年には二三〇名の学生がグループ面接に参加してくれた。その他にも、調査担当者は学生の掲示板を見たり、学生が集まる場所を観察したり、学生新聞を集めるなどして、面接対象者以外の学生や教員と話をする機会を得た。

一九九三年の調査で得られたデータを更新するために、九五年に学生リーダー調査を行い、前出の二八大学が再度調査対象となった。この時は、各大学一名の学生に対して電話による聞き取り調査を実施した。目的は学生の政治的動向をさぐり、当時問題になっていた事柄に学生がどんな関心を示しているかの情報を集め、二年間でキャンパスに何か大きな変化は起きていないかを調べることであった。

本書のもう一つの大きな情報源は協同団体調査プログラム（Cooperative Institutional Research Program, CIRP）である。カリフォルニア大学ロサンジェルス校の高等教育研究所（Higher Education Research Institute, HERI）が運営にあたっているCIRPは、長期にわたり全国規模で調査を行っており、アメリカ教育協議会がスポンサーとなっている。一九六六年以来、初めて大学に入ったフルタイムの一年生を対象に毎年調査を行っている。対象となる大学は全米の四〇〇校から一〇〇〇校以上まで及ぶ。調査結果は毎年刊行されている。また、入学後二年または四年たった時点でフォローアップ調査も行っており、こちらのデータも大変参考になった。CIRP調査に関する問い合わせ先は次の通り。Higher Education Research Institute, UCLA Graduate School of Education and Information Studies, Mailbox 951521, Los Angeles, CA 90029-1521.

補遺B　実地調査協力者

下記は一九九三年の実地調査および九五年の学生リーダー調査のコーディネーターと協力者一覧である。

バークシャー・コミュニティ・カレッジ（マサチューセッツ州ピッツフィールド）
Gary Lamoureaux
J. Jeffrey Doscher
ボストン大学（マサチューセッツ州ボストン）
Wendall Norman Johnson
Mark Nohoney
Drew Kline
カールトン大学（ミネソタ州ノースフィールド）
Robert Bonner

Bruce Colwell

カトリック大学（ワシントンＤＣ）

Kate Zanger

Margaret M. Higgins

コンコーディア大学（オレゴン州ポートランド）

William Balke

ドレイク大学（アイオワ州デモイン）

Donald Adams

エマソン大学（マサチューセッツ州ボストン）

Ron Ludman

ジョージア工科大学（ジョージア州アトランタ）

Roger Wehrle

イリノイ工科大学（イリノイ州シカゴ）

Daniel Waldstein

Bonnie Gorman

Mary Spangler

Samuel Mayo

ロサンジェルス・ヴァリー大学（カリフォルニア州ヴァン・ナイス）

マンハッタン大学（ニューヨーク州リヴァーデイル）
E. Joseph Lee
モリス・ブラウン大学（ジョージア州アトランタ）
Sharon Walker
William Settle
オウグルソープ大学（ジョージア州アトランタ）
Donald Moore
ポーク・コミュニティ・カレッジ（フロリダ州ウィンター・ヘヴン）
Angelo Pimpinelli
ポートランド・コミュニティ・カレッジ・シルヴァニア・キャンパス
（オレゴン州ポートランド）
Craig Bell
ロリンズ大学（フロリダ州ウィンター・パーク）
Steve S. Neilson
Susan Allen
Penny Schaeffer
ローズヴェルト大学（イリノイ州シカゴ）
Gregory M. Hauser

Ellen Meets-Decagny

セント・ジョンズ大学（ニューヨーク州ジャマイカ）

Susan L. Ebbs

Don McNally

南メソディスト大学（テキサス州ダラス）

James Caswell

タンキス・コミュニティ・カレッジ（コネティカット州ファーミントン）

Del Higham

カリフォルニア大学サンタ・バーバラ校（カリフォルニア州サンタ・バーバラ）

Gladys DeNecochea

Naomi Johnson

Candi Stevenson

コロラド大学ボルダー校（コロラド州ボルダー）

Jean Delaney

ディストリクト・オブ・コロンビア大学（ワシントンＤＣ）

Alice M. Sykes

Willis Thomas

ミネソタ大学トウィン・シティズ校（ミネソタ州ミネアポリス）

Marvalene Hughes
Roger Harrold
June Nobbe
北アイオワ大学（アイオワ州シーダー・フォールズ）
Sue Follon
テキサス大学アーリントン校（テキサス州アーリントン）
Wayne Duke
ウェイン州立大学（ミシガン州デトロイト）
William Markus
ウェルズリー大学（マサチューセッツ州ウェルズリー）
Molly Campbell

U.S. Department of Education. National Center for Education Statistics. *Digest of Education Statistics, 1996*. (NCES 96–133). Washington, D.C.: U.S. Government Printing Office, 1996b.

U.S. Department of Education. National Center for Education Statistics. *National Postsecondary Student Aid Study, 1995–96: Student Financial Aid Estimates for Federal Aid Recipients 1995–96*. (NCES 97–937). Washington, D.C.: U.S. Government Printing Office, 1996c.

U.S. Department of Education. National Center for Education Statistics. *Remedial Education at Higher Education Institutions in Fall 1995*. (NCES 97–584). Washington, D.C.: U.S. Government Printing Office, 1996d.

U.S. Department of Education. National Center for Education Statistics. *Youth Indicators, 1996: Trends in the Well-Being of American Youth*. Washington, D.C.: U.S. Government Printing Office, 1996e.

Voter News Service. *National Exit Polls*. New York: Voter News Service, 1996.

Wechsler, H. "Alcohol and the American College Campus: A Report from the Harvard School of Public Health." *Change*, July–Aug. 1996, 28(4), p. 20.

Wechsler, H., Isaac, N. E., Grodstein, F., and Sellers, D. E. "Continuation and Initiation of Alcohol Use from the First to the Second Year of College." *Journal of Studies on Alcohol*, Jan. 1994, *55*, pp. 41–45.

World Almanac and Book of Facts, 1997. Mahwah, N.J.: Funk & Wagnalls, 1997.

Wulf, S. "Generation Excluded." *Time*, Oct. 23, 1995, p. 86.

"Youth-Vote Group Makes Registration Laid Back." *New York Times*, Apr. 21, 1996, sec. 1, p. 28.

Zinn, L. "Move Over, Boomers: The Busters Are Here—and They're Angry." *Business Week*, Dec. 14, 1992, p. 74–79, 82.

Russell, B. *Authority and the Individual*. New York: Simon & Schuster, 1949.
Saltzman, A. "The Twenty-Something Rebellion: How It Will Change America." *U.S. News and World Report*, Feb. 22, 1993, pp. 50–58.
Sanger, D. E. "Happy Days Are Here Again! Right, Voters?" *New York Times*, Apr. 28, 1996, sec. 4, p. 1.
Sax, L. J., Astin, A. W., Arredondo, M., and Korn, W. S. *The American College Teacher: National Norms for the 1995–96 HERI Faculty Survey*. Los Angeles: Higher Education Research Institute, UCLA, 1996.
Sax, L. J., Astin, A. W., Korn, W. S., and Mahoney, K. M. *The American Freshman: National Norms for Fall 1996*. Los Angeles: Higher Education Research Institute, UCLA, 1996.
Schroeder, C. C. "New Students—New Learning Styles." *Change*, Sept.–Oct. 1993, *25*(4), pp. 21–26.
Serow, R. C. "Students and Volunteerism: Looking into the Motives of Community Service Participants." *American Educational Research Journal*, 1991, *28*(3), pp. 543–556.
Smith, D. E., Wesson, D. R., and Calhoun, S. R. "Rohypnol (Flunitrazepam) Fact Sheet." [http://www.lec.org/DrugSearch/Documents/Rohypnol.html]. July 1997.
Star, A. "The Twentysomething Myth." *New Republic*, Jan. 4–11, 1993, pp. 22–25.
Stewart, A. "Youthanasia." *Chicago Tribune*, May 23, 1996, sec. 5, p. 11a.
Student Affairs Surveys, 1978, 1992, 1997. See Appendix A.
Student Environmental Action Coalition. *Sourcebook*. Chapel Hill, N.C.: Student Environmental Action Coalition, 1993.
Student Leaders Survey, 1995. See Appendix A.
Times Mirror Center for the People and the Press. *The New Political Landscape*. Washington, D.C.: Times Mirror Center for the People and the Press, 1994.
Undergraduate Surveys, 1969, 1976, 1993. See Appendix A.
Universal Almanac, 1994. Kansas City, Mo.: Andrus & McMeel, 1994.
Universal Almanac, 1997. Kansas City, Mo.: Andrus & McMeel, 1997.
U.S. Department of Commerce. Bureau of the Census. *Statistical Abstract of the United States, 1996*. (116th ed.). Washington, D.C.: U.S. Government Printing Office, 1996.
U.S. Department of Education. National Center for Education Statistics. *Youth Indicators, 1993: Trends in the Well-Being of American Youth*. Washington, D.C.: U.S. Government Printing Office, 1993.
U.S. Department of Education. National Center for Education Statistics. *Condition of Education, 1996*. (NCES 96–304). Washington, D.C.: U.S. Government Printing Office, 1996a.

Information Please Almanac: Atlas and Yearbook 1996. (49th ed.). Boston: Houghton Mifflin, 1996.

Irving, W. *The Sketch Book*. New York: NAL/Dutton, 1961. (Originally publishe in 1819.)

Janoff, J. "A Gen-X Rip Van Winkle." *Newsweek*, Apr. 24, 1995, p. 10.

Kennedy, P. *Preparing for the 21st Century*. New York: Random House, 1993.

Lerner, A. "My Generation." *Tikkun*, Mar.–Apr. 1994, pp. 56–58.

Levine, A. *When Dreams and Heroes Died: A Portrait of Today's College Student*. San Francisco: Jossey-Bass, 1980.

Levine, A., and Cureton, J. S. "The Quiet Revolution: Eleven Facts About Multiculturalism and the Curriculum." *Change*, Jan.–Feb. 1992, *24*(1), pp. 24–29.

Moore, W. *Social Change*. Upper Saddle River, N.J.: Prentice Hall, 1963.

Morison, S. E. *Three Centuries of Harvard: 1636–1936*. Cambridge, Mass.: Belknap Press, 1964. (Originally published in 1936.)

Nader, R. *Unsafe at Any Speed: The Designed-In Dangers of the American Automobile*. New York: Grossman, 1965.

Peterson, R., and Bilurosky, J. A. *May 1970: The Campus Aftermath of Cambodia and Kent State*. Berkeley, Calif.: Carnegie Council on Policy Studies in Higher Education, 1971.

Presley, C. A., Meilman, P. W., and Lyerla, R. *Alcohol and Drugs on American College Campuses: Use, Consequences, and Perceptions of the Campus Environment*. Vol. 2: *1990–1992*. Carbondale: Core Institute, Southern Illinois University, 1995.

Putnam, R. "Bowling Alone: America's Declining Social Capital." *Journal of Democracy*, 1995, 6(1), pp. 65–78.

Quinn, J. B. Conversation with Arthur Levine. Middlebury, Vt.: Middlebury College, 1992.

Reagan, R. "Acceptance Speech for the Republican Nomination, July 17, 1980." In G. Bush (ed.), *Campaign Speeches of American Presidential Candidates, 1948–1984*. New York: Ungar, 1985a.

Reagan, R. "Acceptance Speech for the Second Presidential Nomination, August 23, 1984." In G. Bush (ed.), *Campaign Speeches of American Presidential Candidates, 1948–1984*. New York: Ungar, 1985b.

Reality Bites. (D. DeVito and M. Shamberg, prod.; B. Stiller, dir.; H. Childress, screenplay.). [Videocassette]. Universal City, Calif.: Universal City Studios, 1994.

Rock the Vote. "Goals for 1996." [Information flyer]. Los Angeles: Rock the Vote, 1996.

Rock the Vote. [http://www.rockthevote.org]. Mar. 1997.

Cohen, J., and Krugman, M. *Generation Ecch! The Backlash Starts Here*. New York: Simon & Schuster, 1994.

Commission on Substance Abuse at Colleges and Universities. *Rethinking Rites of Passage: Substance Abuse on America's Campuses*. New York: Center on Addiction and Substance Abuse, Columbia University, 1994.

Coupland, D. *Generation* X. New York: St. Martin's Press, 1991.

Coupland, D. "Generation X'd." *Details*, June 1995, p. 72.

Deutschman, A. "The Upbeat Generation." *Fortune*, July 13, 1992, p. 42.

"E-Mail Is Becoming a Conduit of Prejudice." *New York Times*, Feb. 16, 1997, sec. 1, p. 17.

Emerson, R. W. *Journals of Ralph Waldo Emerson*. (E. W. Emerson and W. E. Forbes, eds.). Vol. 2. Boston: Houghton Mifflin, 1909.

Gallup International. *Gallup Opinion Index: Report 1969*. Princeton, N.J.: Gallup International, Inc., 1969.

Giles, J. "Generalizations X." *Newsweek*, June 6, 1994, pp. 62–72.

Goldberg, C. "Survey Reports More Drug Use by Teenagers." *New York Times*, Aug. 8, 1996, sec. 1, p. 8.

Gose, B. "New Book Shines Spotlight on Odd College Job: Stripping." *Chronicle of Higher Education*, May 26, 1995, p. A32.

Gowen, A. "Motor Voter: Goin' Mobile." *Rolling Stone*, July 8–22, 1993, p. 18.

Gross, D. M., and Scott, S. "Proceeding with Caution." *Time*, July 16, 1990, pp. 56–62.

Hanson, D. J., and Engs, R. C. "College Students' Drinking Problems: A National Study, 1982–1991." *Psychological Reports*, Aug. 1992, *71*, pp. 39–42.

Harris, L., and Associates. "High Confidence in Institutions." *Harris Survey*, Mar. 5, 1979. New York: Louis Harris and Associates, Inc., 1979.

Hartle, T. W. "How People Pay for College: A Dramatic Shift." *Chronicle of Higher Education*, Nov. 9, 1994, p. A52.

Higher Education Research Institute. *The American College Student, 1991: National Norms for the 1987 and 1989 Freshman Classes*. Los Angeles: Higher Education Research Institute, UCLA, 1992.

Holland, B. "Rock the Vote Assists Passage of 'Motor' Bill." *Billboard*, June 6, 1992, p. 8, 81.

Holtz, G. T. *Welcome to the Jungle: The Why Behind Generation* X. New York: St. Martin's Press, 1995.

Hornblower, M. "Great Xpectations." *Time*, June 9, 1997, pp. 58–68.

Howe, N., and Strauss, W. "The New Generation Gap." *Atlantic Monthly*, Dec. 1992, pp. 67–89.

Howe, N., and Strauss, W. *13th Gen: Abort, Retry, Ignore, Fail?* New York: Vintage Books, 1993.

参考文献

Adams, H. *The Education of Henry Adams*. (J. T. Adams, intro.). New York: Modern Library, 1931. (Originally published in 1918.)

Adler, J. "Kids Growing Up Scared." *Newsweek*, Jan. 10, 1994, pp. 43–50.

Altbach, P. G. *Student Politics in America: A Historical Analysis*. New York: McGraw-Hill, 1974.

Alter, J. "Powell's New War." *Newsweek*, Apr. 28, 1997, pp. 28–36.

Astin, A. W. *What Matters in College? Four Critical Years Revisited*. San Francisco: Jossey-Bass, 1993.

Astin, A. W., Parrott, S. A., Korn, W. S., and Sax, L. J. *The American Freshman: Thirty Year Trends*. Los Angeles: Higher Education Research Institute, UCLA, 1997.

Astin, A. W., Tsui, L., and Avalos, J. *Degree Attainment Rates at American Colleges and Universities: Effects of Race, Gender, and Institutional Type*. Los Angeles: Higher Education Research Institute, UCLA, 1996.

Benezra, K. "Don't Mislabel Gen X." *Brandweek*, May 15, 1995, p. 32, 34.

Bennet, J. "At Volunteerism Rally, Leaders Paint Walls and a Picture of Need." *New York Times*, Apr. 28, 1997, sec. 1, p. A1.

Boyer, E. L., and Levine, A. *A Quest for Common Learning: The Aims of General Education*. Washington, D.C.: Carnegie Foundation for the Advancement of Teaching, 1981.

Burke, E. "Reflections on the Revolution in France." In R.J.S. Hoffman and P. Levack (eds.), *Burke's Politics: Selected Writings and Speeches of Edmund Burke on Reform, Revolution, and War*. New York: Knopf, 1967. (Originally published in 1790.)

Campus Site Visits, 1979, 1993. See Appendix A.

Center for the Study of the College Fraternity. *Status of the College Fraternity and Sorority*. Bloomington: Indiana University, 1992.

訳者あとがき

本書は、Arthur Levine and Jeanette Cureton, *When Hope and Fear Collide: A Portrait of Today's College Student* (Jossey-Bass, 1998) の全訳です。

一七世紀の初めにイギリスから新大陸に渡り新しい国家の礎を築いた人々は、信仰の継承やコミュニティづくりの理念などをめぐり、若い世代に対して苛立ちを感じていたようです。これが、アメリカにおけるジェネレーション・ギャップの始まりでした。やがて産業革命を経て二〇世紀の初頭になると、コミュニケーションや交通の手段が格段に発達し、若者は地域社会の一員としてより、アメリカ全体のある世代の一員であるという感覚の方を強くもつようになりました。二〇世紀のアメリカには、人口統計学的に大別して三つの世代が存在したといわれます。第一次世界大戦と第二次世界大戦の間に生まれた「恐慌の子供たち」あるいは「世紀半ばのジェネレーション」と呼ばれる世代、第二次世界大戦後の繁栄期に生まれ一九五〇年代から六〇年代にかけて子供時代を過ごした「ベビー・ブーマーズ」、それに一九八〇年代終わりに出現した「ジェネレーション・X」です。この他に、文化的な世代として「ビート・ジェネレーション」「ヒッピーズ」「ミー・ジェネレーション」「ヤッピーズ」などがあることからもわかるように、アメリカには特定の集団の特徴をとらえた名称がいろいろあります。

本書の主人公でもあるジェネレーション・Xについては、だらしない服装で暇があればMTVを見ている怠け者であるとか、日本流にいうならフリーターをして定職につかない、言葉遣いが乱れているなど、もっぱらマイナスのイメージが流布してきました。この世代が生きていく時代についても、あるジャーナリストが「セックスは死を招き、雨には毒が入っている」と表現したように、エイズや環境汚染の問題が深刻さを増し、将来に希望をもてないという面が強調されています。大学はでたけれど思うような就職が難しいのは事実です。7章の冒頭にヒロインの言葉が引用されている映画「リアリティ・バイツ」は、このようなジェネレーション・Xの姿を生々しく描いた作品です。

本書は大学生および大学の学生担当者に対する大がかりな調査を通して、不安の世代という一面的な見方ではなく、アメリカの将来を悲観しながらも自分や自分の身の回りについては楽観的な考えをもち、ボランティア活動に熱心な学生の姿をよく浮き彫りにしています。特に、多文化主義の影響に関する4章では、著者自身これが目下アメリカの大学で最も重大な問題と指摘しているように、多様性の追求がグループごとの孤立と摩擦を招いている深刻な現状が明らかにされています。

「多くのものからなる一つ」はアメリカ合衆国のモットーですが、「多く」を強調する主張と、「一つ」の社会や文化の優位を訴える声は、激しくぶつかりあっています。大学においても、一九八〇年代後半から九〇年代にかけて、多文化主義をカリキュラムや教員の人事などにどう反映させるかをめぐり大きな論争が巻きおこりました。大学運営だけでなく、キャンパスの日常生活も大きな影響を受けていることがわかります。この問題が広くアメリカの社会や文化を左右する状況は、この先まだ続くことでしょう。

終章にある、世代分析をふまえたカリキュラムの提案は理念的なものであり、具体的な科目設定や単位構成などは一切話題になっていません。そこに歯がゆさを感じる読者もおられることでしょう。しかし、小手先の変更を重ねようとするのではなく、カリキュラムの理念を打ち出したところに、むしろ終章の提案の価値があると思われます。日本でも学力低下が日常的な話題となり、学部・学科の再編やカリキュラム改訂作業を進めているケースも数多くありますが、これからの世代に大学教育は何を提供すべきかという根本的な議論は果たして十分になされているでしょうか。6章で問題になっているように、教員の授業法と学生の学習方法との間に日本でもギャップが生じているならば、学生世代の特質を把握した上でカリキュラムや授業を工夫するのは決して単なる迎合ではないはずです。大学で働く者として、考えなくてはいけない課題であると思います。

著者が指摘している通り、世の中の変化のスピードは速く、調査実施時の社会状況と現状の間に多少のずれが生じている部分があります。クリントン政権の二期目に、アメリカの経済状態は大きく好転しました。株価は史上初めて一万ドル突破を記録し、失業率も低い水準で推移しています。8章に、韓国と日本で雇用が増えればその分アメリカで失業者が出るというくだりがありますが、状況はむしろ逆といっていいかもしれません。社会的に大きな出来事としては、一九九八年から九九年初めにかけてクリントン大統領の不倫もみけし疑惑問題が注目を集めました。調査時期がもう少し遅ければ、当然学生の反応が分析の対象となったはずで、男性と女性で反応がどう違うかなど、興味深い結果が得られていたかもしれません。また、NATO軍によるユーゴスラヴィア空爆を、学生はどのようにみているのでしょうか。これらの点も含めて、これからアメリカの大学生像がどう変わっていくか、あるいは変わらないのか、今後の調査が待たれます。

翻訳にあたり、玉川大学文学部英米文学科のトーマス・S・ハーディ助教授とスーザン・R・ナクスハイム助教授に度々相談にのっていただきました。玉川大学出版部の水野ゆかりさんにも、行き届いた配慮をいただきました。ご助力に感謝申し上げます。

丹治めぐみ

二〇〇〇年一月

□著　者

A. レヴィーン（Arthur Levine）
コロンビア大学ティーチャーズ・カレッジ学長．
著書に *Beating the Odds*（1996），*Higher Learning in America*（1993），*Shaping Higher Education's Future*（1989），*When Dreams and Heroes Died*（1980），*Handbook on Undergraduate Curriculum*（1978）など多数．

J. S. キュアトン（Jeanette S. Cureton）
イリノイ州エルムハースト・カレッジに関わる傍ら，高等教育に関する調査研究を行っている．それ以前はマサチューセッツ州ミルトンにあるカリー大学で学長補佐，またハーヴァード大学教育学大学院でアーサー・レヴィーンの研究助手を務めていた．

□訳　者

丹治　めぐみ（Tanji Megumi）
1962年札幌市生まれ．青山学院大学文学部卒業．東京大学大学院人文科学研究科博士課程中退．文学修士．現在，玉川大学文学部講師．アメリカ文学専攻．
訳書にW. B. カーノカン『カリキュラム論争――アメリカ一般教育の歴史』（玉川大学出版部）がある．

現代アメリカ大学生群像――希望と不安の世代――

2000年3月31日　第1刷©

著　者　A. レヴィーン
　　　　J. S. キュアトン
訳　者　丹治めぐみ
発行者　小原芳明
発行所　玉川大学出版部

194-8610　東京都町田市玉川学園6-1-1
TEL　042-739-8935　FAX　042-739-8940
http://www.tamagawa.ac.jp/sisetu/up
振替　00180-7-26665

印刷・製本　誠和印刷

NDC 377　ISBN4-472-30221-7 C3037